JetSleep: Gesunder Schlaf - wie im Flug

Christian M. Blechinger

JetSleep: Gesunder Schlaf - wie im Flug

69 wirksame Strategien für besseren Schlaf

Bibliografische Information der Deutschen Nationalbibliothek: Die Deutsche Nationalbibliothek verzeichnet diese Publikation in der Deutschen Nationalbibliografie; detaillierte bibliografische Daten sind im Internet über http://dnb.dnb.de abrufbar.

Verlag: ESILE Books, Josef-Kratzer-Str. 8, 84106 Volkenschwand

Autor: blechinger@esile.de

Druck: Libri Plureos GmbH, Friedensallee 273, 22763 Hamburg

ISBN: 978-3-947369-05-8

Inhaltsverzeichnis

EINFÜHRUNG

Obwohl wir ungefähr ein Drittel unseres Lebens schlafend verbringen und die Qualität dieses Schlafes wiederum unsere Gesundheit und die Qualität der restlichen zwei Drittel unserer wachen Lebenszeit stark beeinflusst, wissen die meisten nur vergleichsweise wenig über Schlaf sowie die verschiedenen Zusammenhänge und Möglichkeiten, diesen gezielt zu beeinflussen.

Oft werden kleinere Schlafbeschwerden als „normal" empfunden (was sie rein statistisch leider auch sind) und einfach hingenommen. Beides ist bedauerlich, denn tatsächlich gibt es, wie wir in den folgenden Kapiteln feststellen werden, sehr effiziente, wissenschaftlich verifizierte Möglichkeiten, unsere Schlafqualität positiv zu beeinflussen. Und: welche Technik Sie wie und wann umsetzen, liegt in Ihrer Hand!

Im ersten Teil dieses Buches werden relevante Fakten, Hintergründe und theoretische Konzepte im Zusammenhang mit dem Schlaf vorgestellt. Diese bilden eine wichtige Grundlage, um die Funktionsweise der in den darauffolgenden Kapiteln dargestellten Techniken und Übungen besser zu verstehen und gezielter einsetzen zu können.

Sie können auch sofort zu den Übungen und Techniken im vierten Kapitel springen und sich später mit den Hintergründen und Grundlagen beschäftigen. Im neunten Kapitel werden die neu erworbenen Techniken im Alltag verankert, so dass diese dauerhafte Wirkung zeigen können und schließlich – wenn Sie das möchten - zur positiven und gesunden Gewohnheit in Ihrem Leben entwickeln.

Die Idee der Selbstbestimmtheit und Selbstwirksamkeit steht dabei stets im Mittelpunkt: Jeder Mensch hat das Potenzial, seine eigenen Verhaltensweisen und Denkmuster zu verändern. Indem Sie lernen, Ihre individuellen Auslöser für Schlafstörungen zu erkennen und gezielt anzugehen, können Sie nicht nur Ihre Schlafqualität verbessern, sondern auch Ihr allgemeines Wohlbefinden steigern. Lassen Sie uns also beginnen!

1. GRUNDLAGEN DES SCHLAFE(N)S

1.1 Definition und Bedeutung des Schlafes

Schlaf ist ein fundamentaler Zustand des menschlichen Lebens, der für unsere körperliche und geistige Gesundheit von entscheidender Bedeutung ist. Er wird oft als eine passive Phase betrachtet, in der der Körper ruht und die Sinne abgeschaltet sind. Doch Schlaf ist weit mehr als nur eine Zeit der Ruhe; er ist ein aktiver Prozess, der zahlreiche physiologische und psychologische Funktionen erfüllt.

Schlaf kann definiert werden als ein wiederkehrender Zustand, der durch veränderte Bewusstseinszustände, reduzierte Reaktionsfähigkeit auf äußere Reize und eine charakteristische Körperhaltung gekennzeichnet ist. Während des Schlafs durchläuft der Körper verschiedene Phasen, die sich in ihrer Tiefe und Funktion unterscheiden. Diese Phasen sind entscheidend für die Regeneration des Körpers und die Verarbeitung von Informationen.

Die Bedeutung des Schlafes sollte also keineswegs unterschätzt werden. Er spielt eine zentrale Rolle in verschiedenen Aspekten unseres Lebens:

Physiologische Regeneration: Während wir schlafen, finden zahlreiche Reparatur- und Regenerationsprozesse im Körper statt. Zellen werden erneuert, das Immunsystem gestärkt und Hormone reguliert. Ein ausreichender Schlaf unterstützt somit die körperliche Gesundheit und das Wohlbefinden.

Kognitive Funktionen: Schlaf hat einen direkten Einfluss auf unsere kognitiven Fähigkeiten, einschließlich Gedächtnis, Lernen und analytische Kompetenz. In der REM-Phase werden etwa Informationen verarbeitet und im Langzeitgedächtnis gespeichert. Ein Mangel an Schlaf kann zu Konzentrationsschwierigkeiten, Gedächtnisproblemen und einer verminderten Leistungsfähigkeit führen.

Emotionale Stabilität: Ausreichender Schlaf ist auch entscheidend für unsere emotionale Gesundheit. Er hilft uns, Stress abzubauen, Emotionen zu regulieren und mit Herausforderungen besser umzugehen. Menschen mit chronischen Schlafstörungen sind einem höheren Risiko für Angstzustände und Depressionen ausgesetzt.

Gesundheitliche Auswirkungen: Langfristiger Schlafmangel kann schwerwiegende gesundheitliche Folgen haben, darunter ein erhöhtes Risiko für Herz-Kreislauf-Erkrankungen, Diabetes und Übergewicht. Aktuelle Forschung zeigt zunehmend, dass guter Schlaf ein wichtiger Faktor für die Prävention dieser Erkrankungen ist.

Ausreichender, guter Schlaf ist folglich kein Luxus oder verlorene Zeit; er ist eine essentielle Voraussetzung für ein gesundes Leben. Das Verständnis seiner Bedeutung legt den Grundstein für die Auseinandersetzung mit den Ursachen von Schlafstörungen sowie den Möglichkeiten zur selbstbestimmten und selbstwirksamen Behandlung dieser Probleme. Indem wir lernen, wie wichtig guter Schlaf ist und welche Mechanismen ihn beeinflussen können, sind wir besser gerüstet, um aktiv an unserer eigenen Schlafqualität zu arbeiten und diese nachhaltig zu verbessern.

1.2 Historische Perspektive auf den Schlaf

Die Betrachtung des Schlafes hat sich im Laufe der Jahrhunderte erheblich gewandelt. Während er in der Antike oft als ein mysteriöses und spirituelles Phänomen verstanden wurde, hat die moderne Wissenschaft begonnen, die biologischen und psychologischen Grundlagen des Schlafes systematisch zu erforschen.

In vielen alten Kulturen wurde Schlaf als eine Verbindung zur spirituellen Welt betrachtet. In Ägypten beispielsweise glaubte man, dass Träume Botschaften der Götter seien, während in der griechischen Mythologie Hypnos, der Gott des Schlafes, eine zentrale Rolle spielte. Die Menschen suchten oft nach Wegen, um ihre Träume zu deuten und die Bedeutung ihrer nächtlichen Visionen zu verstehen.

Im Mittelalter war der Schlaf stark mit religiösen Praktiken verknüpft. Klösterliche Gemeinschaften legten großen Wert auf regelmäßige Schlaf- und Wachzeiten, um den Körper für das Gebet und die Meditation vorzubereiten. Gleichzeitig wurden Schlafstörungen auch als Zeichen von Besessenheit oder göttlichem Unwillen interpretiert, was zur Stigmatisierung von Betroffenen führen konnte.

Mit dem Aufkommen der Aufklärung im 17. und 18. Jahrhundert begann ein Umdenken in Bezug auf den Schlaf. Philosophen wie René Descartes betrachteten den Schlaf als einen Zustand des Bewusstseins, der durch physiologische Prozesse beeinflusst wird. Diese Zeit markierte den Beginn einer wissenschaftlicheren Herangehensweise an das Thema Schlaf.

Im 19. Jahrhundert begannen Forscher wie Sigmund Freud, die psychologischen Aspekte des Schlafs zu untersuchen. Freud sah Träume als Ausdruck unbewusster Wünsche und Konflikte an, was das Interesse an der Psychologie des Schlafs weiter verstärkte.

Die Entwicklung moderner Technologien im 20. Jahrhundert revolutionierte unser Verständnis von Schlaf erheblich. Mit der Einführung von Elektroenzephalogrammen (EEGs) konnten Wissenschaftler die elektrischen Aktivitäten im Gehirn während des Schlafs messen und verschiedene Schlafphasen identifizieren. Diese Entdeckungen führten zur Klassifizierung von REM- und Non-REM-Schlaf sowie zu einem tieferen Verständnis der biologischen Mechanismen hinter dem Schlaf.

In den letzten Jahrzehnten hat die Forschung auch die weitreichenden Auswirkungen von Schlafmangel auf die Gesundheit hervorgehoben. Studien zeigen einen klaren Zusammenhang zwischen unzureichendem Schlaf und einer Vielzahl von gesundheitlichen Problemen, darunter Herzkrankheiten, Diabetes und psychische Erkrankungen. Guter Schlaf ist demnach nicht nur für das individuelle Wohlbefinden entscheidend, sondern beeinflusst sämtliche Aspekte des menschlichen Lebens.

1.3 Kulturelle Unterschiede im Verständnis von Schlaf

Schlaf ist ein universelles menschliches Bedürfnis, doch die Art und Weise, wie verschiedene Kulturen Schlaf wahrnehmen und praktizieren, variiert erheblich.

In vielen Kulturen wird Schlaf als eine heilige oder spirituelle Zeit betrachtet. In indigenen Gemeinschaften beispielsweise wird der Schlaf oft mit Träumen in Verbindung gebracht, die als Botschaften aus der Geisterwelt oder als Hinweise für das tägliche Leben gedeutet werden. In diesen Kulturen wird großer Wert auf die Qualität des Schlafs gelegt, und Rituale zur Förderung eines gesunden Schlafs sind weit verbreitet.

Im Gegensatz dazu haben industrialisierte Gesellschaften oft eine utilitaristische Sichtweise auf den Schlaf entwickelt. Hier wird Schlaf häufig als Zeit angesehen, die man „verschwenden" könnte, während man produktiv sein sollte. Diese Einstellung hat zur Verbreitung von Schlafmangel und einer Kultur des „Hustles" geführt, in der wenig Wert auf Erholung gelegt wird.

Die Praktiken rund um den Schlaf variieren stark zwischen verschiedenen Ländern und Regionen. In vielen mediterranen Ländern ist das Konzept der Siesta weit verbreitet – eine kurze Ruhepause am Nachmittag, die es den Menschen ermöglicht, sich zu erholen und ihre Produktivität zu steigern. In Japan hingegen gibt es eine lange Tradition des „Inemuri", was so viel bedeutet wie „anwesend sein während des Schlafens". Hier wird das Nickerchen in öffentlichen Verkehrsmitteln oder am Arbeitsplatz nicht nur toleriert, sondern oft sogar geschätzt.

In einigen Kulturen ist das gemeinsame Schlafen innerhalb der Familie oder Gemeinschaft üblich. Dies fördert nicht nur soziale Bindungen, sondern kann auch ein Gefühl von Sicherheit und Geborgenheit vermitteln, was sich positiv auf die Schlafqualität und das allgemeine Befinden auswirken kann.

Die Wahrnehmung von Schlafstörungen ist ebenfalls kulturell geprägt. In westlichen Gesellschaften werden Schlafprobleme häufig als medizinisches Problem betrachtet, das einer professionellen Behandlung bedarf. Dies hat zur Entwicklung zahlreicher Therapien und Medikamente geführt. In anderen Kulturen hingegen können solche Störungen als Zeichen von Ungleichgewicht im Körper oder Geist angesehen werden, welche möglicherweise alternative Heilmethoden wie Meditation, Akupunktur oder Kräutermedizin erfordern.

Darüber hinaus können Stigmatisierungen im Zusammenhang mit psychischen Erkrankungen oder Leistungsproblemen in bestimmten Kulturen dazu führen, dass Menschen zögern, Hilfe bei ihren Schlafproblemen zu suchen.

2. DIE PHYSIOLOGIE DES SCHLAFS

2.1 Schlafzyklen und -phasen (REM und Non-REM)

Der Schlaf ist ein komplexer, dynamischer Prozess, der aus verschiedenen Zyklen sowie Phasen besteht. Diese Phasen sind entscheidend für die Erholung des Körpers und des Geistes und spielen eine zentrale Rolle in der Regulierung vieler physiologischer Funktionen. Ein typischer Schlafzyklus dauert etwa 90 Minuten und wiederholt sich mehrmals während einer Nacht, wobei jeder Zyklus unterschiedliche Anteile von REM- (Rapid Eye Movement) und Non-REM-Schlaf umfasst.

Non-REM-Schlaf

Der Non-REM-Schlaf wird in drei Stadien unterteilt, die jeweils unterschiedliche Merkmale aufweisen:

Stadium N1 (Leichter Schlaf): Dies ist die erste Phase des Schlafs, die nur wenige Minuten dauert. In diesem Stadium beginnt der Körper, sich zu entspannen; die Muskelaktivität nimmt ab, und das Bewusstsein für die Umgebung schwindet. Es ist leicht, aus diesem Zustand aufzuwachen.

Stadium N2 (Mittlerer Schlaf): Mit etwa 50% bis 60% macht diese Phase den größten Teil des gesamten Schlafs aus. Der Herzschlag verlangsamt sich, die Körpertemperatur sinkt, und es treten charakteristische Gehirnwellenmuster, sogenannte Schlafspindeln, auf. Diese Phase ist wichtig für die Konsolidierung von Gedächtnisinhalten und das Lernen.

Stadium N3 (Tiefer Schlaf): Auch als Slow-Wave-Sleep (SWS) bekannt, ist dies die tiefste Phase des Non-REM-Schlafs. Hier finden wichtige regenerative Prozesse statt: Das Immunsystem wird gestärkt, Gewebe repariert sich, und Wachstumshormone werden ausgeschüttet. Das Aufwachen aus dieser Phase kann schwierig sein und führt oft zu einem Gefühl der Benommenheit.

REM-Schlaf

Der REM-Schlaf tritt nach dem Non-REM-Schlaf auf und ist durch schnelle Bewegungen der geschlossenen Augen gekennzeichnet. Diese Phase hat mehrere wichtige Funktionen:

Traumaktivität: Die meisten Träume treten im REM-Schlaf auf. Dieser Zustand ist mit intensiven Gehirnaktivitäten verbunden, ähnlich wie im Wachzustand. Träume können eine wichtige Rolle bei der emotionalen Verarbeitung und Problemlösung spielen.

Kognitive Funktionen: REM-Schlaf ist entscheidend für das Lernen, das Gedächtnis und die emotionale Stabilität. Ausreichender REM-Schlaf trägt dazu bei, Informationen zu konsolidieren und kreative Denkprozesse zu fördern.

Ein vollständiger Schlafzyklus umfasst typischerweise mehrere Wiederholungen dieser Phasen über eine Nacht hinweg. Zu Beginn der Nacht dominiert der Non-REM-Schlaf mit längeren Tiefschlafphasen, während gegen Morgen der Anteil des REM-Schlafs zunimmt.

Bedeutung der Schlafzyklen

Die Balance zwischen REM- und Non-REM-Schlaf beeinflusst die allgemeine Gesundheit und das Wohlbefinden. Störungen in diesen Zyklen können zu einer Vielzahl von Problemen führen – von Müdigkeit über Konzentrationsschwierigkeiten bis hin zu ernsthaften gesundheitlichen Beeinträchtigungen.

Ein fundiertes Verständnis dieser physiologischen Grundlagen ermöglicht es Ihnen, selbstwirksame Strategien zur Verbesserung ihrer Schlafqualität zu entwickeln. Dazu gehören beispielsweise Techniken zur Förderung eines gesunden Schlafumfelds oder zur Regulierung von Lebensstilfaktoren wie Ernährung und Bewegung, um einen ungestörten Schlafzyklus zu unterstützen.

2.2 Gehirnaktivität während des Schlafs

Die Aktivität des Gehirns während des Schlafs ist ein faszinierendes und komplexes Phänomen, das entscheidend für die Erholung und Regeneration des Körpers ist. Während viele Menschen den Schlaf als einen Zustand der Ruhe und Inaktivität betrachten, zeigt die Forschung, dass das Gehirn in verschiedenen Schlafphasen äußerst aktiv ist und eine Vielzahl von Prozessen durchläuft.

Elektroenzephalographie (EEG) und Gehirnwellen

Um die Gehirnaktivität während des Schlafs zu messen, wird häufig die Elektroenzephalographie (EEG) eingesetzt. Diese Methode erfasst elektrische Aktivitäten im Gehirn und ermöglicht es, verschiedene Arten von Gehirnwellen zu identifizieren, die mit unterschiedlichen Schlafphasen korrelieren:

Delta-Wellen: Diese langsamen Wellen sind charakteristisch für den tiefen Non-REM-Schlaf (Stadium N3). Sie sind mit regenerativen Prozessen verbunden, wie der Gewebereparatur und dem Wachstum.

Theta-Wellen: Diese Wellen treten in der Übergangsphase zwischen Wachzustand und leichtem Schlaf (Stadium N1) sowie im mittleren Schlaf (Stadium N2) auf. Theta-Aktivität ist oft mit Kreativität und emotionaler Verarbeitung assoziiert.

Alpha-Wellen: Diese Wellen sind typisch für den entspannten Wachzustand, können aber auch in den leichten Schlaf übergehen. Sie sind wichtig für die Entspannung und das allgemeine Wohlbefinden.

Beta-Wellen: Diese schnellen Wellen sind vor allem im Wachzustand aktiv, können jedoch auch während des REM-Schlafs auftreten, wenn das Gehirn intensiv arbeitet und träumt.

Aktivität während der verschiedenen Schlafphasen

In den verschiedenen Phasen des Schlafs zeigt das Gehirn unterschiedliche Muster der Aktivität:

Non-REM-Schlaf: Während dieser Phasen dominiert eine langsame, synchronisierte neuronale Aktivität. Dies fördert nicht nur die körperliche Erholung, sondern auch wichtige Gedächtnisprozesse. Insbesondere im Stadium N3 findet eine Konsolidierung von deklarativem Gedächtnis statt – also von Informationen, die wir bewusst abrufen können.

REM-Schlaf: In dieser Phase ist das Gehirn besonders aktiv; es zeigt Muster, die denen im Wachzustand ähneln. Hier finden intensive Traumaktivitäten statt, und es wird angenommen, dass REM-Schlaf eine Schlüsselrolle bei der emotionalen Verarbeitung spielt sowie bei der Integration neuer Informationen in bestehende Wissensstrukturen. Studien haben gezeigt, dass REM-Schlaf entscheidend für kreative Problemlösungen ist.

Neurotransmitter und Hormone

Die Regulation der Gehirnaktivität während des Schlafs wird durch verschiedene Neurotransmitter und Hormone beeinflusst:

GABA (Gamma-Aminobuttersäure): Dieser hemmende Neurotransmitter spielt eine zentrale Rolle beim Einleiten des Schlafs und beim Übergang in tiefere Schlafphasen. GABA reduziert die neuronale Erregbarkeit und fördert somit Entspannung.

Serotonin: Dieses Hormon hat einen Einfluss auf den circadianen Rhythmus und trägt zur Regulierung des Schlaf-Wach-Zyklus bei. Es wird angenommen, dass Serotonin in den Übergang zum REM-Schlaf involviert ist.

Acetylcholin: Dieser Neurotransmitter ist besonders aktiv während des REM-Schlafs und fördert sowohl die Traumerfahrung als auch die Gedächtniskonsolidierung.

2.3 Die Rolle von Hormonen im Schlaf

2.3.1 Melatonin und seine Funktion

Melatonin ist ein Hormon, das eine zentrale Rolle im Schlaf-Wach-Zyklus spielt und oft als „Schlafhormon" bezeichnet wird. Es wird hauptsächlich in der Zirbeldrüse des Gehirns produziert und ist entscheidend für die Regulierung des circadianen Rhythmus, der viele physiologische Prozesse im Körper steuert. In den folgenden Kapiteln werden wir Methoden kennenlernen, um die Melatoninproduktion gezielt und auf natürlichem Wege zu unseren Gunsten zu beeinflussen.

Produktion und Freisetzung von Melatonin

Die Synthese von Melatonin erfolgt aus Serotonin, einem Neurotransmitter, der wiederum aus der Aminosäure Tryptophan gebildet wird. Die Produktion von Melatonin wird durch Licht beeinflusst: Bei Dunkelheit steigt die Melatoninproduktion an, während sie bei Licht sinkt. Diese lichtabhängige Regulation sorgt dafür, dass Melatonin in der Regel abends und nachts erhöht ist, was den Körper auf den Schlaf vorbereitet.

Die Freisetzung von Melatonin beginnt typischerweise in den frühen Abendstunden und erreicht ihren Höhepunkt in der Nacht, bevor sie am Morgen wieder abnimmt. Dieser Anstieg und Abfall des Melatonins signalisiert dem Körper, dass es Zeit zum Schlafen oder Aufwachen ist.

Funktionen von Melatonin

Melatonin hat mehrere wichtige Funktionen im Zusammenhang mit dem Schlaf:

Regulierung des Schlaf-Wach-Rhythmus: Durch die Anpassung an den natürlichen Lichtzyklus hilft Melatonin dabei, den circadianen Rhythmus zu stabilisieren. Ein stabiler Rhythmus ist entscheidend für die Qualität des Schlafs und das allgemeine Wohlbefinden.

Förderung des Einschlafens: Erhöhte Melatoninspiegel fördern das Einschlafen, indem sie die Körpertemperatur senken und die Wachsamkeit reduzieren. Dies erleichtert den Übergang vom Wachzustand in den Schlaf.

Antioxidative Eigenschaften: Melatonin wirkt auch als Antioxidans und schützt Zellen vor oxidativem Stress. Diese Eigenschaft kann zur allgemeinen Gesundheit beitragen und möglicherweise auch neurodegenerative Erkrankungen vorbeugen.

Einfluss auf REM-Schlaf: Es gibt Hinweise darauf, dass Melatonin eine Rolle bei der Regulierung des REM-Schlafs spielt, was für emotionale Verarbeitung und Gedächtniskonsolidierung wichtig ist.

Melatoninmangel und Schlafstörungen

Ein Mangel an Melatonin kann zu verschiedenen Schlafstörungen führen, darunter Insomnie oder Schwierigkeiten beim Einschlafen sowie Störungen des circadianen Rhythmus wie Jetlag oder Schichtarbeit-bedingte Schlafprobleme. In solchen Fällen kann – nach Rücksprache mit Ihrem Arzt - eine gezielte Supplementierung mit Melatonin hilfreich sein.

Es ist jedoch wichtig zu beachten, dass die Einnahme von Melatoninsupplementen nicht für jeden geeignet ist und individuell angepasst werden sollte. Eine Überdosierung kann zu unerwünschten Nebenwirkungen führen, wie Tagesmüdigkeit oder Veränderungen im natürlichen Schlafrhythmus.

Selbstwirksame Strategien zur Unterstützung der Melatoninsynthese

Um die natürliche Produktion von Melatonin zu unterstützen und somit einen gesunden Schlaf zu fördern, können folgende Strategien hilfreich sein (siehe auch Kapitel 4):

Lichtmanagement: Vermeidung von hellem Licht (insbesondere „blauem" Licht, also dem Licht, welches von Computer-, Tablet-, Handydisplays abgestrahlt wird) am Abend kann helfen, die natürliche Produktion von Melatonin zu fördern. Das Nutzen von dimmbaren Lichtern oder speziellen Brillen mit Blaulichtfilter kann ebenfalls unterstützend wirken.

Regelmäßige Schlafenszeiten: Ein konsistenter Schlaf-Wach-Rhythmus fördert die Stabilität des circadianen Rhythmus und unterstützt die natürliche Ausschüttung von Melatonin.

Entspannungstechniken: Praktiken wie Meditation oder sanfte Yoga-Übungen vor dem Schlafengehen können helfen, Stress abzubauen und die Voraussetzungen für einen erholsamen Schlaf zu schaffen.

Ernährung: Bestimmte Nahrungsmittel wie Kirschen (eine natürliche Quelle für Melatonin), Bananen oder Haferflocken können ebenfalls zur Unterstützung der Melatoninsynthese beitragen.

2.3.2 Cortisol und Stressreaktionen

Cortisol, oft als „Stresshormon" bezeichnet, ist ein Steroidhormon, das in der Nebennierenrinde produziert wird und eine zentrale Rolle in der Reaktion des Körpers auf Stress spielt. Es hat weitreichende Auswirkungen auf verschiedene physiologische Prozesse, einschließlich des Schlafs. Ein ausgewogenes Cortisolniveau ist entscheidend für die Aufrechterhaltung eines gesunden Schlaf-Wach-Rhythmus.

Produktion und Regulation von Cortisol

Die Produktion von Cortisol folgt einem circadianen Rhythmus, der durch den Hypothalamus und die Hypophyse reguliert wird. Normalerweise erreicht der Cortisolspiegel am frühen Morgen seinen Höhepunkt, um den Körper auf den Tag vorzubereiten, und sinkt im Laufe des Tages ab, wobei er nachts am niedrigsten ist. Diese natürliche Schwankung unterstützt die Wachsamkeit während des Tages und fördert die Entspannung und den Schlaf in der Nacht.

Cortisol und Stressreaktionen

Cortisol wird in Reaktion auf Stressoren freigesetzt – sei es physischer Stress (z.B. Krankheit oder Verletzung) oder psychischer Stress (z.B. emotionale Belastungen oder Angst). In akuten Stresssituationen hat Cortisol eine schützende Funktion: Es mobilisiert Energiereserven, erhöht den Blutzuckerspiegel und verbessert die kognitive Leistungsfähigkeit, um dem Körper zu helfen, mit der stressigen Situation umzugehen.

Allerdings kann chronisch erhöhtes Cortisol aufgrund anhaltenden Stresses negative Auswirkungen auf den Schlaf haben:

Schlafstörungen: Hohe Cortisolspiegel können das Einschlafen erschweren und die Qualität des Schlafs beeinträchtigen. Menschen mit chronischem Stress berichten häufig von Schwierigkeiten beim Einschlafen sowie von unruhigem oder fragmentiertem Schlaf.

Verringerte REM-Phase: Chronisch erhöhte Cortisolwerte können auch die Dauer und Qualität des REM-Schlafs verringern, was sich negativ auf die emotionale Verarbeitung und Gedächtniskonsolidierung auswirkt.

Erhöhte Wachsamkeit: Ein hoher Cortisolspiegel kann zu einer erhöhten Wachsamkeit führen, was das Entspannen vor dem Schlafengehen erschwert und somit den natürlichen Übergang in den Schlaf stört.

Selbstwirksame Strategien zur Regulierung von Cortisol

Um die negativen Auswirkungen von erhöhtem Cortisol auf den Schlaf zu minimieren, können verschiedene selbstwirksame Strategien hilfreich sein (auch hier: mehr dazu in Kapitel 4):

Stressmanagement-Techniken: Methoden wie Meditation, Achtsamkeitstraining oder Atemübungen können helfen, Stress abzubauen und die Cortisolausschüttung zu regulieren. Regelmäßige Praxis dieser Techniken kann langfristig zu einer besseren Stressbewältigung führen.

Körperliche Aktivität: Regelmäßige Bewegung hat nachweislich positive Effekte auf die Regulierung von Hormonen, einschließlich Cortisol. Moderate körperliche Aktivität kann helfen, Spannungen abzubauen und das allgemeine Wohlbefinden zu steigern.

Gesunde Ernährung: Eine ausgewogene Ernährung mit ausreichend Nährstoffen kann dazu beitragen, den Hormonhaushalt im Gleichgewicht zu halten. Bestimmte Lebensmittel wie Vollkornprodukte, Obst und Gemüse unterstützen nicht nur die allgemeine Gesundheit, sondern können auch zur Stabilisierung des Cortisolspiegels beitragen.

Schlafhygiene: Die Schaffung einer schlaffreundlichen Umgebung – dazu gehören ein dunkles, ruhiges Schlafzimmer sowie feste Schlafenszeiten – kann helfen, sowohl das Einschlafen zu erleichtern als auch die Qualität des Schlafs zu verbessern.

Soziale Unterstützung: Der Austausch mit Freunden oder Familie kann ebenfalls eine wichtige Rolle bei der Bewältigung von Stress spielen. Soziale Interaktionen fördern das Gefühl der Verbundenheit und können helfen, stressbedingte Belastungen abzubauen.

Aktuelle Forschungen deuten darauf hin, dass ein ausgewogenes Verhältnis zwischen Melatonin und Cortisol für einen gesunden Schlaf unerlässlich ist. Während Melatonin förderlich für das Einschlafen ist, sorgt ein angemessener Cortisolspiegel dafür, dass wir uns tagsüber wachsam fühlen und nachts entspannen können. Im nächsten Abschnitt werden wir uns mit weiteren Neurotransmittern befassen, die Einfluss auf den Schlaf haben sowie deren Bedeutung für einen gesunden Lebensstil beleuchten.

2.4 Der circadiane Rhythmus

2.4.1 Innere Uhren – physische Grundlagen

Der circadiane Rhythmus ist ein biologischer Prozess, der viele physiologische Funktionen im Körper steuert und sich über einen Zeitraum von etwa 24 Stunden erstreckt. Er beeinflusst nicht nur den Schlaf-Wach-Zyklus, sondern auch Hormonausschüttungen, Körpertemperatur, Stoffwechsel und viele andere wichtige Funktionen. Die Regulation dieses Rhythmus erfolgt durch innere Uhren, die auf externe Umweltfaktoren reagieren.

Die Rolle des suprachiasmatischen Nukleus (SCN)

Das zentrale Steuerungselement des circadianen Rhythmus ist der suprachiasmatische Nukleus (SCN), eine Gruppe von Neuronen im Hypothalamus des

Gehirns. Der SCN empfängt Informationen über Lichtverhältnisse direkt von der Netzhaut des Auges und passt die innere Uhr entsprechend an. Diese Anpassung ist entscheidend für die Synchronisation des Körpers mit dem Tag-Nacht-Zyklus.

Wenn Licht auf die Netzhaut trifft, senden spezielle Ganglienzellen Signale an den SCN, was zu einer Hemmung der Melatoninproduktion führt und somit das Wachsein fördert. Umgekehrt signalisiert Dunkelheit dem SCN, dass es Zeit ist, Melatonin freizusetzen und den Körper auf den Schlaf vorzubereiten. Dieser Mechanismus wird in der folgenden Abbildung veranschaulicht.

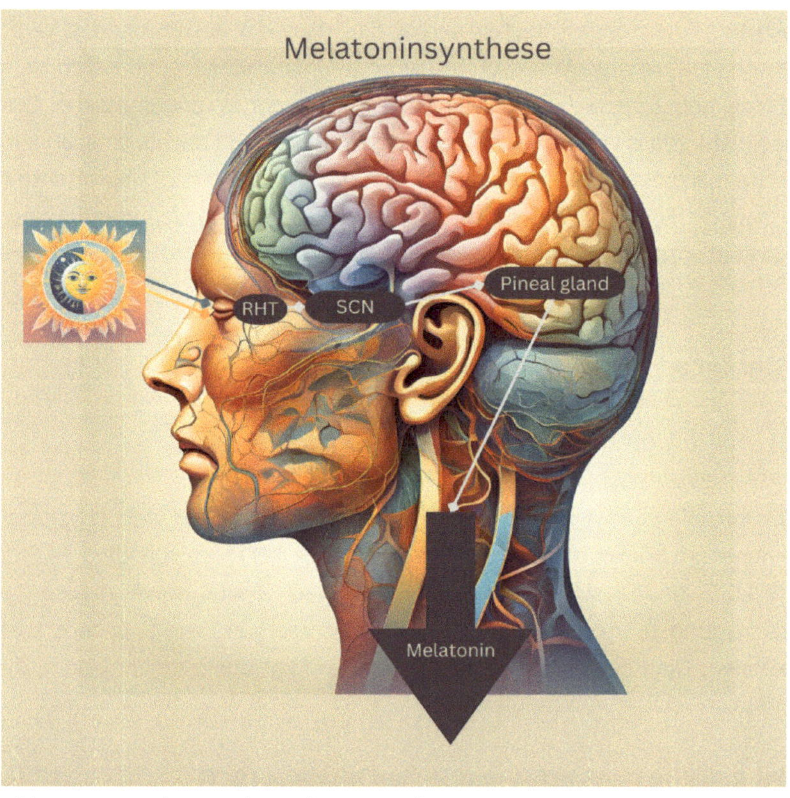

Abb. 1: Die Regulierung der Melatoninsynthese

Innere Uhren in verschiedenen Geweben

Neben dem SCN gibt es auch periphere Uhren in verschiedenen Geweben des Körpers, wie Leber, Herz und Lunge. Diese inneren Uhren sind in der Lage, lokale circadiane Rhythmen zu erzeugen und zu regulieren, die jedoch eng mit dem zentralen Rhythmus des SCN synchronisiert sind. Diese Synchronisation ist wichtig für die Aufrechterhaltung eines harmonischen Gleichgewichts im gesamten Organismus.

2.4.2 Regulierung der inneren Uhren

Der circadiane Rhythmus wird durch verschiedene externe Faktoren beeinflusst:

Licht und Dunkelheit sind die wichtigsten externen Faktoren, die den circadianen Rhythmus steuern und somit einen direkten Einfluss auf den Schlaf haben. Diese beiden Elemente wirken als Zeitgeber, die unsere innere Uhr regulieren und darüber entscheiden, wann wir wach sind und wann wir schlafen sollten .

Die Rolle von Licht

Licht hat eine entscheidende Bedeutung für die Regulierung des Schlaf-Wach-Zyklus. Es beeinflusst die Produktion von Melatonin, dem Hormon, das für das Einschlafen verantwortlich ist. Bei Tageslicht wird die Melatoninproduktion gehemmt, was dazu führt, dass wir uns wach und alert fühlen. Umgekehrt fördert Dunkelheit die Ausschüttung von Melatonin, was den Körper auf den Schlaf vorbereitet.

Helles Licht am Morgen: Natürliches Licht am Morgen hat eine besonders starke Wirkung auf unseren circadianen Rhythmus. Es hilft nicht nur dabei, den Körper zu aktivieren und Wachsamkeit zu fördern, sondern unterstützt auch die Synchronisation der inneren Uhr mit dem natürlichen Tag-Nacht-Zyklus. Menschen, die regelmäßig morgens Sonnenlicht ausgesetzt sind, schlafen tendenziell besser und fühlen sich tagsüber wacher.

Blaues Licht: Besonders intensives blaues Licht – wie es von Bildschirmen (Smartphones, Tablets, Computer) ausgestrahlt wird – kann die Melatoninproduktion stark hemmen. Die Nutzung solcher Geräte in den Abendstunden kann daher zu Schwierigkeiten beim Einschlafen führen und die Schlafqualität beeinträchtigen.

Die Bedeutung von Dunkelheit

Dunkelheit spielt eine ebenso wichtige Rolle im Schlafprozess:

Melatoninausschüttung: In der Dunkelheit beginnt der Körper mit der Produktion von Melatonin, was das Gefühl von Müdigkeit fördert und den Körper auf den Schlaf vorbereitet. Eine dunkle Umgebung signalisiert dem Gehirn, dass es Zeit ist, sich zu entspannen und zur Ruhe zu kommen.

Schlafqualität: Eine dunkle Umgebung während des Schlafs ist entscheidend für eine erholsame Nachtruhe. Selbst geringe Lichtquellen können den Schlaf stören und dazu führen, dass wir weniger tief schlafen oder häufiger aufwachen.

Störungen durch künstliches Licht

In der technisierten Welt sind viele Menschen einer Vielzahl von künstlichen Lichtquellen ausgesetzt – sei es durch Straßenlaternen, tageslichtähnlichem LED-Licht, Autoscheinwerfer oder elektronische Geräte – was zu einer Störung des natürlichen circadianen Rhythmus führen kann.

Weitere Einflussfaktoren

Temperatur: Temperaturveränderungen im Laufe des Tages können ebenfalls Einfluss auf den circadianen Rhythmus haben. In der Regel sinkt die Körpertemperatur nachts ab und erreicht am frühen Morgen ihren Tiefpunkt.

Ernährung: Die Zeiten der Nahrungsaufnahme können ebenfalls als Zeitgeber fungieren und den circadianen Rhythmus beeinflussen. Regelmäßige Mahlzeiten zur gleichen Zeit können helfen, die innere Uhr zu stabilisieren.

Soziale Interaktionen: Soziale Aktivitäten und Routinen können ebenfalls zur Regulierung des circadianen Rhythmus beitragen, indem sie regelmäßige Muster schaffen.

Störungen des circadianen Rhythmus

Störungen im circadianen Rhythmus können zu einer Vielzahl von Schlafproblemen führen, darunter Insomnie, Schichtarbeit-bedingte Schlafstörungen oder Jetlag nach Reisen über mehrere Zeitzonen hinweg. Chronische Störungen können langfristig negative Auswirkungen auf die Gesundheit haben, einschließlich erhöhtem Risiko für Stoffwechselerkrankungen, Herz-Kreislauf-Erkrankungen und psychischen Erkrankungen.

Selbstwirksame Strategien zur Regulierung des circadianen Rhythmus

Um einen gesunden circadianen Rhythmus zu fördern und Schlafstörungen entgegenzuwirken, können folgende selbstwirksame Strategien hilfreich sein:

Lichtmanagement: Nutzen Sie natürliches Licht am Morgen zur Aktivierung Ihres Körpers und reduzieren Sie künstliches Licht am Abend, um die Melatoninproduktion zu unterstützen.

Regelmäßige Schlafenszeiten: Halten Sie feste Schlaf- und Wachzeiten ein, um Ihren inneren Rhythmus zu stabilisieren.

Bewegung: Regelmäßige körperliche Aktivität kann helfen, den circadianen Rhythmus zu regulieren; idealerweise sollte intensive Bewegung jedoch nicht kurz vor dem Schlafengehen stattfinden.

Ernährungsgewohnheiten: Achten Sie darauf, Ihre Mahlzeiten regelmäßig einzunehmen und vermeiden Sie späte Snacks oder schwere Mahlzeiten vor dem Schlafengehen.

Entspannungstechniken: Praktiken wie Yoga oder Meditation können helfen, Stress abzubauen und das Einschlafen zu erleichtern.

3. MECHANISMEN VON SCHLAFSTÖRUNGEN

3.1 Klassifikation von Schlafstörungen

Im folgenden Abschnitt werden unterschiedliche Schlafstörungen mit deren typischen Symptomen sowie ersten Schritten zur selbstwirksamen Behandlung dieser vorgestellt. Sollten Sie über einen längeren Zeitraum keine Besserung hinsichtlich Ihrer Schlafqualität erzielen, empfiehlt sich ein Besuch beim Arzt, um etwaige körperliche Ursachen abzuklären.

3.1.1 Insomnie (Schlaflosigkeit)

Insomnie, allgemein bekannt als Schlaflosigkeit, ist eine der häufigsten Schlafstörungen und betrifft Menschen jeden Alters. Sie ist definiert als eine anhaltende Schwierigkeit beim Einschlafen, Durchschlafen oder einem frühen Erwachen, mit der Folge einer Beeinträchtigung des täglichen Lebens. Insomnie kann sowohl akut als auch chronisch auftreten und hat vielfältige Ursachen.

Klassifikation der Insomnie

Insomnie wird in verschiedene Kategorien unterteilt, die auf der Dauer und den zugrunde liegenden Ursachen basieren:

Akute Insomnie: Diese Form tritt kurzfristig auf und kann durch Stressfaktoren wie emotionale Belastungen, Veränderungen im Lebensstil oder vorübergehende gesundheitliche Probleme ausgelöst werden. Akute Insomnie dauert in der Regel weniger als drei Monate und kann oft durch einfache Änderungen im Verhalten oder Lebensstil behoben werden.
Chronische Insomnie: Chronische Insomnie ist definiert als Schlaflosigkeit, die mindestens dreimal pro Woche über einen Zeitraum von drei Monaten oder länger auftritt. Diese Form kann durch zugrunde liegende medizinische oder psychologische Probleme verursacht werden und erfordert oft eine umfassendere Behandlung.

Primäre vs. sekundäre Insomnie: Primäre Insomnie tritt ohne erkennbare Ursache auf, während sekundäre Insomnie das Ergebnis anderer Erkrankungen ist, wie z.B. Angststörungen, Depressionen, chronische Schmerzen oder bestimmte Medikamente.

Ursachen der Insomnie

Die Ursachen für Insomnie sind vielfältig und können sowohl physische als auch psychische Faktoren umfassen:

Psychologische Faktoren: Stress, Angstzustände und Depressionen sind häufige Auslöser für Schlaflosigkeit. Sorgen über Arbeit, Beziehungen oder finanzielle Probleme können das Einschlafen erschweren.

Physiologische Faktoren: Chronische Schmerzen, Atemwegserkrankungen (wie Schlafapnoe) oder hormonelle Veränderungen (z.B. während der Menopause) können ebenfalls zu Schlafstörungen führen.

Lebensstilfaktoren: Ungesunde Gewohnheiten wie übermäßiger Konsum von Koffein oder Alkohol, unregelmäßige Schlafzeiten sowie mangelnde körperliche Aktivität können die Schlafqualität beeinträchtigen.

Umweltfaktoren: Lärm, Lichtverhältnisse und unangenehme Temperaturen im Schlafzimmer können ebenfalls zur Entwicklung von Insomnie beitragen.

Symptome der Insomnie

Die Symptome einer Insomnie können variieren, beinhalten jedoch typischerweise:

- Schwierigkeiten beim Einschlafen
- Häufiges Aufwachen während der Nacht
- Zu frühes Erwachen am Morgen
- Gefühl von Müdigkeit oder Erschöpfung tagsüber
- Konzentrationsschwierigkeiten
- Reizbarkeit oder Stimmungsschwankungen

Diese Symptome können nicht nur die Lebensqualität beeinträchtigen, sondern auch zu weiteren gesundheitlichen Problemen führen, einschließlich erhöhter Anfälligkeit für chronische Erkrankungen.

Selbstwirksame Strategien zur Behandlung von Insomnie

Es gibt verschiedene selbstwirksame Ansätze zur Behandlung von Insomnie, die darauf abzielen, die Schlafqualität zu verbessern und die zugrunde liegenden Ursachen anzugehen:

Schlafhygiene: Die Schaffung einer schlaffreundlichen Umgebung ist eine solide Grundlage für guten Schlaf. Dazu gehören ein dunkles, ruhiges Schlafzimmer sowie eine angenehme Raumtemperatur. Feste Schlafenszeiten helfen dabei, den circadianen Rhythmus zu stabilisieren.

Entspannungstechniken: Methoden wie Meditation, progressive Muskelentspannung oder Atemübungen können helfen, Stress abzubauen und den Körper auf den Schlaf vorzubereiten.

Vermeidung von Stimulanzien: Der Verzicht auf Koffein und Nikotin am Nachmittag sowie die Reduzierung des Alkoholkonsums vor dem Schlafengehen können sich positiv auf die Schlafqualität auswirken.

Regelmäßige Bewegung: Körperliche Aktivität fördert nicht nur das allgemeine Wohlbefinden, sondern kann auch dazu beitragen, den Schlaf zu verbessern – idealerweise sollte jedoch intensive Bewegung kurz vor dem Zubettgehen vermieden werden.

Kognitive Verhaltenstherapie (KVT): Diese Therapieform hat sich als besonders wirksam bei der Behandlung von chronischer Insomnie erwiesen und hilft dabei, negative Gedankenmuster in Bezug auf den Schlaf zu identifizieren und zu verändern.

3.1.2 Hypersomnie (übermäßige Schläfrigkeit)

Hypersomnie, auch bekannt als übermäßige Schläfrigkeit, ist eine Schlafstörung, die durch anhaltende Müdigkeit und übermäßigen Schlaf während des Tages gekennzeichnet ist. Menschen mit Hypersomnie haben Schwierigkeiten, wach zu bleiben und erleben oft unkontrollierbare Schlafattacken, selbst in Situationen, in denen Wachsamkeit erforderlich ist. Diese Störung kann erhebliche Auswirkungen auf die Lebensqualität und die täglichen Aktivitäten haben.

Klassifikation der Hypersomnie

Hypersomnie wird in verschiedene Kategorien unterteilt, basierend auf den zugrunde liegenden Ursachen und der Dauer der Symptome:

Primäre Hypersomnie: Diese Form tritt ohne erkennbare medizinische oder psychiatrische Ursache auf. Die häufigste Form der primären Hypersomnie ist das idiopathische hypersomnolence-Syndrom, bei dem Betroffene übermäßig müde sind, ohne dass eine klare Erklärung vorliegt.

Sekundäre Hypersomnie: Diese Art von Hypersomnie ist das Ergebnis anderer Erkrankungen oder Faktoren, wie z.B. Schlafapnoe, Depressionen, neurologische Erkrankungen oder bestimmte Medikamente. In diesen Fällen ist die übermäßige Schläfrigkeit ein Symptom einer zugrunde liegenden Erkrankung.

Narkolepsie: Eine spezielle Form der primären Hypersomnie ist die Narkolepsie, eine neurologische Erkrankung, die durch plötzliche Schlafattacken und andere Symptome wie Kataplexie (plötzlicher Verlust des Muskeltonus) gekennzeichnet ist.

Ursachen der Hypersomnie

Die Ursachen für Hypersomnie können vielfältig sein und umfassen sowohl physiologische als auch psychologische Faktoren:

Schlafstörungen: Bedingungen wie obstruktive Schlafapnoe oder Restless-Legs-Syndrom können zu fragmentiertem Schlaf führen und somit tagsüber übermäßige Schläfrigkeit verursachen.

Neurologische Erkrankungen: Bestimmte Erkrankungen wie Parkinson oder Multiple Sklerose können ebenfalls mit Symptomen von Hypersomnie einhergehen.

Psychische Erkrankungen: Depressionen und Angststörungen sind häufige Begleiter von übermäßiger Schläfrigkeit und können den Schlaf-Wach-Rhythmus erheblich stören.

Medikamenteneinnahme: Einige Medikamente, insbesondere Beruhigungsmittel oder Antidepressiva, können als Nebenwirkung Müdigkeit und Schläfrigkeit verursachen.

Symptome der Hypersomnie

Die Symptome einer Hypersomnie variieren je nach individueller Situation, beinhalten jedoch typischerweise:

- Übermäßige Schläfrigkeit während des Tages
- Schwierigkeiten beim Aufwachen am Morgen
- Häufige Nickerchen oder unkontrollierbare Schlafattacken
- Gefühl von Erschöpfung trotz ausreichendem Nachtschlaf
- Beeinträchtigung der Konzentration und Gedächtnisleistung

Abgesehen von einer erheblichen Beeinträchtigung der Lebensqualität können diese Symptome auch das Risiko für Unfälle erhöhen sowie die Leistungsfähigkeit im Beruf oder im Alltag verringern.

Selbstwirksame Strategien zur Behandlung von Hypersomnie

Es gibt verschiedene selbstwirksame Ansätze zur Behandlung von Hypersomnie, die darauf abzielen, die Wachsamkeit zu verbessern und die zugrunde liegenden Ursachen anzugehen:

Regelmäßige Schlafgewohnheiten: Halten Sie feste Zeiten zum Zubettgehen und Aufstehen ein, um den circadianen Rhythmus zu stabilisieren und die Schlafqualität zu verbessern.

Schlafumgebung optimieren: Sorgen Sie für eine ruhige, dunkle und angenehme Umgebung während des Schlafs; dies kann helfen, einen erholsamen Nachtschlaf zu fördern.

Körperliche Aktivität: Regelmäßige Bewegung kann dazu beitragen, das Energieniveau tagsüber zu steigern und Müdigkeitsgefühle zu reduzieren; idealerweise sollte jedoch intensive Bewegung kurz vor dem Zubettgehen vermieden werden.

Ernährungsgewohnheiten anpassen: Achten Sie auf eine ausgewogene Ernährung und vermeiden Sie schwere Mahlzeiten sowie übermäßigen Koffein- oder Alkoholkonsum vor dem Schlafengehen.

Entspannungstechniken: Methoden wie Meditation oder Atemübungen können helfen, Stress abzubauen und das allgemeine Wohlbefinden zu fördern.

Ärztliche Abklärung: Bei anhaltenden Symptomen sollte eine ärztliche Untersuchung in Betracht gezogen werden, um mögliche zugrunde liegende Erkrankungen auszuschließen oder gezielt zu behandeln. Insgesamt stellt Hypersomnie eine ernsthafte Herausforderung dar, die individuelle Ansätze zur Behandlung erfordert.

3.1.3 Parasomnien (z.B., Schlafwandeln, Albträume)

Parasomnien sind durch ungewöhnliche Verhaltensweisen oder Erlebnisse während des Schlafs gekennzeichnet. Diese Störungen können sowohl den Schlaf selbst als auch das Verhalten während des Schlafs betreffen und treten häufig in den verschiedenen Schlafphasen auf. Zu den bekanntesten Formen der Parasomnien gehören Schlafwandeln, Albträume und Nachtangst.

Klassifikation der Parasomnien

Parasomnien lassen sich in verschiedene Kategorien einteilen, basierend auf dem Zeitpunkt ihres Auftretens und den spezifischen Symptomen:

Schlafwandeln (Somnambulismus): Diese Form der Parasomnie tritt meist in der Non-REM-Schlafphase auf und ist durch das Gehen oder Ausführen anderer Aktivitäten im schlafenden Zustand gekennzeichnet. Schlafwandelnde Personen können sich oft nicht an ihre Handlungen erinnern und zeigen typischerweise eine verminderte Reaktion auf äußere Reize.

Albträume: Albträume sind lebhafte, angstauslösende Träume, die häufig in der REM-Schlafphase auftreten. Sie führen dazu, dass Betroffene abrupt aufwachen und oft mit einem Gefühl von Angst oder Unruhe zurückbleiben. Während Albträume bei vielen Menschen gelegentlich vorkommen, können sie bei entsprechender Häufigkeit und Intensität zu einer signifikanten Beeinträchtigung des Schlafs führen.

Nachtangst (Pavor nocturnus): Diese Störung tritt ebenfalls während des Non-REM-Schlafs auf und ist durch intensive Angstzustände gekennzeichnet, die mit Schreien oder unruhigen Bewegungen einhergehen können. Betroffene wachen oft nicht vollständig auf und haben keine Erinnerung an das Ereignis.

Zähneknirschen (Bruxismus): Bruxismus kann sowohl im Wachzustand als auch im Schlaf auftreten und ist durch das unwillkürliche Zusammenpressen oder Knirschen der Zähne gekennzeichnet. Dies kann zu Kieferschmerzen und anderen zahnmedizinischen Problemen führen.

Ursachen der Parasomnien

Die Ursachen für Parasomnien sind vielfältig und können sowohl genetische als auch umweltbedingte Faktoren umfassen:

Genetische Prädisposition: Es gibt Hinweise darauf, dass bestimmte Parasomnien familiär gehäuft auftreten können, was auf eine genetische Komponente hindeuten könnte.

Stress und Angst: Psychische Belastungen wie Stress oder Angstzustände können das Risiko für das Auftreten von Parasomnien erhöhen.

Schlafmangel: Unzureichender oder gestörter Schlaf kann ebenfalls zur Entwicklung von Parasomnien beitragen.

Medikamenteneinnahme: Bestimmte Medikamente, insbesondere solche mit sedierender Wirkung oder solche zur Behandlung psychischer Erkrankungen, können parasomnieartige Symptome hervorrufen.

Traumatische Erlebnisse: Solche Erfahrungen können das zentrale Nervensystem überlasten und zu einer erhöhten Aktivierung während des Schlafs führen, was sich in unwillkürlichen Bewegungen, Schlafwandeln oder Albträumen äußern kann. Die emotionale Belastung und der Stress, die mit traumatischen Erlebnissen einhergehen, können zudem die REM-Schlafphasen stören, wodurch die Wahrscheinlichkeit von Albträumen steigt. Diese Störungen sind oft eine direkte Reaktion auf unverarbeitete Emotionen und Erinnerungen, die im Unterbewusstsein gespeichert sind. Daher ist es wichtig, bei der Behandlung von Parasomnien auch die psychologischen Aspekte traumatischer Erfahrungen zu berücksichtigen.

Symptome der Parasomnien

Die Symptome variieren je nach Art der Parasomnie:

Schlafwandeln: Personen können im Schlaf umhergehen, sprechen oder sogar komplexe Aufgaben ausführen, ohne sich dessen bewusst zu sein.

Albträume: Betroffene erleben intensive Trauminhalte, die oft mit Angst oder Bedrohung verbunden sind; sie wachen häufig schweißgebadet auf und benötigen Zeit, um sich zu beruhigen.

Nachtangst: Diese äußert sich in Schreien, Panikattacken oder unruhigem Verhalten während des Schlafs; Betroffene erinnern sich meist nicht an die Episode.

Zähneknirschen: Dies kann zu Kieferbeschwerden sowie Abnutzung der Zähne führen; oft wird es von Partnern bemerkt.

Selbstwirksame Strategien zur Behandlung von Parasomnien

Es gibt verschiedene selbstwirksame Ansätze zur Behandlung von Parasomnien, die darauf abzielen, die Häufigkeit und Schwere dieser Störungen zu reduzieren:

Schlafhygiene verbessern: Eine regelmäßige Schlafroutine sowie eine angenehme Schlafumgebung sind entscheidend für einen erholsamen Nachtschlaf. Dazu gehört auch die Vermeidung von stimulierenden Aktivitäten vor dem Zubettgehen.

Stressbewältigungstechniken: Methoden wie Meditation, Yoga oder Atemübungen können helfen, Stress abzubauen und somit das Risiko für das Auftreten von Albträumen oder Nachtangst zu verringern.

Vermeidung von Alkohol und Drogen: Der Konsum von Alkohol oder Drogen kann den Schlaf stören und das Risiko für parasomnieartige Symptome erhöhen; daher sollte deren Konsum eingeschränkt werden.

Regelmäßige körperliche Aktivität: Bewegung kann dazu beitragen, den allgemeinen Stresspegel zu senken und die Qualität des Nachtschlafs zu verbessern; jedoch sollte intensive körperliche Aktivität kurz vor dem Zubettgehen vermieden werden.

Ärztliche Abklärung: Beim Auftreten von Parasomnien sollte eine ärztliche Untersuchung in Anspruch genommen werden, um mögliche zugrunde liegende

Erkrankungen auszuschließen oder gezielt zu behandeln. Grundsätzlich stellen Parasomnien eine besondere Herausforderung dar, da sie oft unerwartet auftreten und sowohl den Betroffenen als auch deren Angehörige belasten können.

3.2 Psychologische Faktoren für Schlafstörungen

3.2.1 Stress und Angstzustände

Stress und Angstzustände sind zwei der häufigsten psychologischen Faktoren, die Schlafstörungen verursachen oder verstärken können. Sie beeinflussen sowohl die Fähigkeit, einzuschlafen und durchzuschlafen als auch die allgemeine Schlafqualität. Ein tiefes Verständnis dieser Zusammenhänge ist entscheidend für die Entwicklung effektiver selbstwirksamer Strategien zur Verbesserung des Schlafs.

Zusammenhang zwischen Stress, Angst und Schlaf

Stress ist eine natürliche Reaktion des Körpers auf Herausforderungen oder Bedrohungen und kann sowohl akute als auch chronische Formen annehmen. Akuter Stress kann kurzfristig zu Schlafproblemen führen, während chronischer Stress oft zu langfristigen Schlafstörungen beiträgt. Angstzustände hingegen sind gekennzeichnet durch übermäßige Sorgen und Befürchtungen, die oft ohne konkreten Anlass auftreten. Beide Zustände aktivieren das sympathische Nervensystem, was zu einer erhöhten Wachsamkeit und einer verminderten Fähigkeit führt, sich zu entspannen und einzuschlafen.

Einfluss von Stress auf den Schlaf

Schlaflosigkeit: Stress kann dazu führen, dass Betroffene Schwierigkeiten haben, zur Ruhe zu kommen, was das Einschlafen erschwert. Gedanken über berufliche Verpflichtungen, finanzielle Sorgen oder persönliche Probleme können den Geist in der Nacht beschäftigen.

Fragmentierter Schlaf: Selbst wenn es gelingt einzuschlafen, kann Stress dazu führen, dass der Schlaf unruhig wird. Häufiges Aufwachen oder das Gefühl, nicht erholsam geschlafen zu haben, sind häufige Beschwerden.

Traumatische Erlebnisse: Menschen, die traumatische Erfahrungen gemacht haben, können unter posttraumatischen Belastungsstörungen (PTBS) leiden, die sich in Albträumen oder Flashbacks äußern und den Schlaf erheblich stören.

Einfluss von Angstzuständen auf den Schlaf

Übermäßige Wachsamkeit: Personen mit Angstzuständen neigen dazu, übermäßig wachsam zu sein und sich dauerhaft Sorgen zu machen. Diese ständige Anspannung kann das Einschlafen erschweren und zu einem oberflächlichen Schlaf führen.

Körperliche Symptome: Angstzustände können körperliche Symptome wie Herzklopfen, Schwitzen oder Atembeschwerden hervorrufen, die das Einschlafen zusätzlich erschweren.

Vermeidung von Schlaf: In einigen Fällen entwickeln Menschen mit Angstzuständen eine aversive Haltung gegenüber dem Schlafen selbst aus Angst vor dem Verlust der Kontrolle oder vor negativen Traumerlebnissen.

Selbstwirksame Strategien zur Bewältigung von Stress und Angst

Es gibt verschiedene Ansätze zur Selbsthilfe, um den Einfluss von Stress und Angst auf den Schlaf zu reduzieren:

Entspannungstechniken: Methoden wie progressive Muskelentspannung, Meditation oder Atemübungen können helfen, den Körper zu beruhigen und den Geist zu entspannen. Diese Techniken fördern eine schnellere Einschlafzeit und verbessern die allgemeine Schlafqualität.

Kognitive Verhaltenstherapie (KVT): Die KVT ist eine bewährte Methode zur Behandlung von Angststörungen und kann helfen, negative Denkmuster zu identifizieren und umzupolen. Durch gezielte Übungen lernen Betroffene, ihre Ängste besser zu bewältigen. Elemente der KVT können selbständig angewandt werden (siehe Kapitel 5) oder in einem therapeutischen Kontext Anwendung finden.

Regelmäßige Bewegung: Körperliche Aktivität hat nachweislich positive Auswirkungen auf die psychische Gesundheit. Regelmäßige Bewegung kann helfen, Stress abzubauen und die Stimmung zu heben; jedoch sollte intensive Bewegung kurz vor dem Zubettgehen vermieden werden.

Schlafhygiene verbessern: Eine gesunde Schlafumgebung sowie feste Schlafenszeiten tragen dazu bei, einen erholsamen Nachtschlaf zu fördern. Dazu gehört auch der Verzicht auf Bildschirmzeit vor dem Zubettgehen sowie das Schaffen einer ruhigen Atmosphäre im Schlafzimmer.

Soziale Unterstützung suchen: Der Austausch mit Freunden oder Familienmitgliedern über belastende Themen kann helfen, Stress abzubauen und Ängste zu relativieren. Professionelle Hilfe durch Therapeuten oder Berater kann ebenfalls wertvolle Unterstützung bieten.

Achtsamkeitstraining: Achtsamkeitspraktiken fördern ein besseres Bewusstsein für den gegenwärtigen Moment und helfen dabei, stressauslösende Gedankenmuster abzubauen.

Stress und Angstzustände können erhebliche Auswirkungen auf den Schlaf haben. Durch gezielte Selbsthilfestrategien lässt sich jedoch oft eine Verbesserung der Schlafqualität erreichen. Ein proaktiver Umgang mit diesen psychologischen Faktoren kann nicht nur den Schlaf verbessern, sondern auch das allgemeine Wohlbefinden steigern. Im nächsten Abschnitt werden wir uns mit weiteren psychologischen Faktoren befassen sowie deren Einfluss auf den Schlaf beleuchten.

3.2.2 Depressionen und ihre Auswirkungen auf den Schlaf

Depressionen sind weit verbreitete psychische Erkrankungen, die nicht nur das emotionale Wohlbefinden, sondern auch die Schlafqualität erheblich beeinträchtigen können. Die Beziehung zwischen Depressionen und Schlafstörungen ist komplex und wechselseitig: Einerseits können depressive Symptome zu Schlafproblemen führen, andererseits kann unzureichender oder gestörter Schlaf die Symptome einer Depression verstärken.

Einfluss von Depressionen auf den Schlaf

Schlaflosigkeit (Insomnie): Viele Menschen mit Depressionen leiden unter Schlaflosigkeit, was sich in Schwierigkeiten beim Einschlafen, häufigem Aufwachen während der Nacht oder frühem Erwachen äußern kann. Diese Form der Schlafstörung ist besonders belastend, da sie zu einem Teufelskreis aus Müdigkeit und emotionaler Instabilität führen kann.

Hypersomnie: Im Gegensatz zur Insomnie berichten einige depressive Personen von übermäßiger Schläfrigkeit während des Tages und dem Bedürfnis, viel zu schlafen. Diese Hypersomnie kann dazu führen, dass Betroffene sich tagsüber lethargisch und unmotiviert fühlen.

Gestörter REM-Schlaf: Menschen mit Depressionen weisen oft eine veränderte REM-Schlaf-Phase auf, die durch eine verkürzte Einschlafzeit bis zum REM-Schlaf und eine erhöhte Häufigkeit von Albträumen gekennzeichnet ist. Dies kann zu einer geringeren Erholsamkeit des Schlafs führen.

Körperliche Beschwerden: Depressionen gehen häufig mit körperlichen Symptomen wie Schmerzen oder Unruhe einher, die ebenfalls den Schlaf stören können. Diese somatischen Beschwerden können es schwierig machen, eine bequeme Schlafposition zu finden oder sich zu entspannen.

Wechselwirkungen zwischen Schlafstörungen und Depressionen

Die Wechselwirkungen zwischen Schlafstörungen und Depressionen sind bidirektional:

Schlafmangel als Risikofaktor: Chronischer Schlafmangel kann das Risiko für die Entwicklung von Depressionen erhöhen. Eine schlechte Schlafqualität beeinträchtigt die Stimmung und das emotionale Gleichgewicht, was zu einem erhöhten Risiko für depressive Episoden führt.

Verschlechterung der Symptome: Umgekehrt können depressive Symptome wie Antriebslosigkeit, Hoffnungslosigkeit und negative Gedankenmuster die Fähigkeit zur Entspannung und zum Einschlafen weiter beeinträchtigen, was einen Teufelskreis schafft.

Selbstwirksame Strategien zur Bewältigung von Depressionen und deren Auswirkungen auf den Schlaf

Es gibt verschiedene Ansätze zur Selbsthilfe, um den Einfluss von Depressionen auf den Schlaf zu reduzieren:

Regelmäßige Bewegung: Körperliche Aktivität hat nachweislich positive Auswirkungen auf die Stimmung und kann helfen, depressive Symptome zu lindern. Regelmäßige Bewegung fördert zudem einen besseren Nachtschlaf.

Gesunde Ernährung: Eine ausgewogene Ernährung kann das allgemeine Wohlbefinden fördern und dazu beitragen, Stimmungsschwankungen zu minimieren. Bestimmte Nahrungsmittel wie Omega-3-Fettsäuren (z.B. in Fisch) haben positive Effekte auf die psychische Gesundheit.

Schlafhygiene verbessern: Eine gesunde Schlafumgebung sowie feste Zeiten für das Zubettgehen und Aufstehen sind entscheidend für einen erholsamen Nachtschlaf. Dazu gehört auch der Verzicht auf Koffein oder Alkohol vor dem Schlafengehen.

Entspannungstechniken: Methoden wie Meditation, Yoga oder Atemübungen können helfen, Stress abzubauen und den Geist zu beruhigen, was das Einschlafen erleichtert.

Soziale Unterstützung suchen: Der Austausch mit Freunden oder Familienmitgliedern über belastende Themen kann helfen, emotionale Lasten zu teilen und depressive Gedanken zu relativieren.

Professionelle Hilfe in Anspruch nehmen: Bei schweren depressiven Symptomen sollte professionelle Unterstützung gesucht werden. Therapeutische Ansätze wie die Kognitive Verhaltenstherapie (KVT) haben sich als wirksam erwiesen bei der Behandlung sowohl von Depressionen als auch von damit verbundenen Schlafstörungen.

Abschließend ist es wichtig anzuerkennen, dass Depressionen erhebliche Auswirkungen auf den Schlaf haben können und umgekehrt auch durch schlechten Schlaf verstärkt werden können.

3.3 Physische Ursachen von Schlafstörungen

3.3.1 Chronische Erkrankungen (Schmerzen, Atemwegserkrankungen)

Chronische Erkrankungen stellen einen bedeutenden Einflussfaktor für Schlafstörungen dar und können die Schlafqualität sowie die Fähigkeit, einen erholsamen Schlaf zu finden, erheblich beeinträchtigen. Zu den häufigsten chronischen Erkrankungen, die mit Schlafproblemen in Verbindung stehen, gehören Schmerzen, Atemwegserkrankungen und verschiedene andere gesundheitliche Beeinträchtigungen.

Einfluss chronischer Schmerzen auf den Schlaf

Chronische Schmerzen sind ein weit verbreitetes Problem, das oft mit Erkrankungen wie Arthritis, Fibromyalgie oder Rückenschmerzen einhergeht. Diese Schmerzen können sowohl das Einschlafen als auch das Durchschlafen erheblich stören:

Einschlafprobleme: Menschen mit chronischen Schmerzen haben häufig Schwierigkeiten, eine bequeme Position zu finden, was das Einschlafen erschwert.

Unterbrechungen während der Nacht: Schmerzen können dazu führen, dass Betroffene mehrmals in der Nacht aufwachen oder nicht in der Lage sind, in tiefere Schlafphasen einzutreten. Dies führt zu einem fragmentierten Schlaf und einer verminderten Erholung.

Psychologische Auswirkungen: Chronische Schmerzen können auch zu Angstzuständen und Depressionen führen, die wiederum den Schlaf weiter beeinträchtigen.

Einfluss von Atemwegserkrankungen auf den Schlaf

Atemwegserkrankungen wie Asthma oder chronisch obstruktive Lungenerkrankung (COPD) können ebenfalls erhebliche Auswirkungen auf den Schlaf haben:

Schlafapnoe: Eine häufige Komplikation bei Atemwegserkrankungen ist die obstruktive Schlafapnoe, bei der es während des Schlafs zu wiederholten Atemaussetzern kommt. Dies führt zu häufigem Aufwachen und einer schlechten Schlafqualität.

Atemnot im Liegen: Viele Menschen mit Atemwegserkrankungen erleben Schwierigkeiten beim Atmen im Liegen, was das Einschlafen erschwert und zu nächtlichem Erwachen führt.

Hustenanfälle: Hustenanfälle oder das Gefühl von Enge in der Brust können ebenfalls den Nachtschlaf stören und die Gesamtschlafzeit reduzieren.

Weitere chronische Erkrankungen

Neben Schmerzen und Atemwegserkrankungen gibt es zahlreiche andere chronische Erkrankungen, die sich negativ auf den Schlaf auswirken können:

Herz-Kreislauf-Erkrankungen: Herzinsuffizienz oder andere kardiovaskuläre Probleme können durch nächtliche Atemnot oder Unruhe während des Schlafs zu Störungen führen.

Diabetes: Menschen mit Diabetes leiden häufig unter neuropathischen Schmerzen oder anderen Begleiterscheinungen, die den Schlaf beeinträchtigen können.

Magen-Darm-Erkrankungen: Erkrankungen wie Reflux oder entzündliche Darmerkrankungen können durch nächtliches Unwohlsein oder Schmerzen den Schlaf stören.

Selbstwirksame Strategien zur Linderung der Auswirkungen von chronischen Erkrankungen auf den Schlaf

Grundsätzlich sollte bei chronischen Erkrankungen professionelle Hilfe in Anspruch genommen werden. Ärzte oder Therapeuten können individuelle Behandlungspläne erstellen und geeignete Therapien empfehlen. Es gibt folgende ergänzende Ansätze zur Selbsthilfe, um den Einfluss chronischer Erkrankungen auf den Schlaf zu reduzieren:

Schmerzkontrolle: Die effektive Behandlung von chronischen Schmerzen ist entscheidend für eine Verbesserung des Schlafs. Dazu gehören neben ärztlich verordneten medikamentösen Therapien auch alternative Methoden wie Physiotherapie oder Akupunktur.

Atemtherapie: Bei Atemwegserkrankungen kann eine gezielte Atemtherapie helfen, die Atmung zu verbessern und nächtliche Beschwerden zu lindern.

Entspannungstechniken: Methoden wie Meditation, Atemübungen oder progressive Muskelentspannung helfen, Stress abzubauen und die Schmerzempfindung zu reduzieren (siehe Kapitel 4.3).

Schlafhygiene verbessern: Eine gesunde Schlafumgebung sowie feste Zeiten zum Zubettgehen und Aufstehen sind wichtig für einen erholsamen Nachtschlaf. Dazu gehört auch der Verzicht auf stimulierende Substanzen wie Koffein vor dem Zubettgehen (siehe Kapitel 4.2).

Kognitive Verhaltenstherapie (KVT): Diese Therapieform kann helfen, negative Denkmuster zu erkennen und zu verändern, was die Schmerzbewältigung unterstützen kann (siehe Kapitel 5).

Ernährungsanpassung: Eine ausgewogene Ernährung kann dazu beitragen, Entzündungsprozesse im Körper zu reduzieren und somit auch schmerzhafte Symptome zu lindern.

Achtsamkeitstraining: Achtsamkeitsbasierte Ansätze können helfen, das Bewusstsein für den eigenen Körper zu schärfen und besser mit Schmerzen umzugehen (siehe Kapitel 4.3.4).

Selbsthilfegruppen: Der Austausch mit anderen Betroffenen kann emotionalen Rückhalt bieten und neue Bewältigungsstrategien aufzeigen.

Regelmäßige Bewegung: Körperliche Aktivität hat positive Effekte auf sowohl körperliche als auch psychische Gesundheit. Regelmäßige Bewegung kann helfen, Schmerzen zu lindern und die allgemeine Lebensqualität zu verbessern; jedoch sollte intensive Bewegung kurz vor dem Zubettgehen vermieden werden.

3.3.2 Medikamente und Substanzmissbrauch

Medikamente und Substanzmissbrauch sind bedeutende physische Ursachen für Schlafstörungen, die sowohl kurzfristige als auch langfristige Auswirkungen auf die Schlafqualität haben können. Viele Menschen sind sich nicht bewusst, dass bestimmte Medikamente und der Missbrauch von Substanzen wie Alkohol, Koffein oder illegalen Drogen den Schlaf erheblich beeinträchtigen können.

Einfluss von Medikamenten auf den Schlaf

Eine Vielzahl von Medikamenten kann als Nebenwirkung Schlafstörungen verursachen. Dazu gehören:

Antidepressiva: Einige Antidepressiva können die REM-Schlaf-Phase beeinflussen oder zu einer erhöhten Wachsamkeit führen, was das Einschlafen erschwert.

Blutdruckmedikamente: Bestimmte Medikamente zur Behandlung von Bluthochdruck können Müdigkeit oder Schwindel verursachen, was den Schlaf negativ beeinflussen kann.

Kortikosteroide: Diese entzündungshemmenden Medikamente können zu Schlaflosigkeit führen, insbesondere wenn sie in höheren Dosen oder am Abend eingenommen werden.

Stimulanzien: Medikamente zur Behandlung von ADHS (Aufmerksamkeitsdefizit-Hyperaktivitätsstörung) enthalten oft stimulierende Substanzen, die das Einschlafen erschweren können.

Schmerzmittel: Opioide und andere Schmerzmittel können zwar kurzfristig Schmerzen lindern, aber auch zu einer Abhängigkeit führen und den natürlichen Schlafzyklus stören.

Es ist empfehlenswert, dass Patienten mit ihren Ärzten über mögliche Nebenwirkungen ihrer Medikation sprechen und gegebenenfalls Alternativen in Betracht ziehen. Keinesfalls sollten ohne ärztliche Rücksprache selbständige Veränderungen an der Medikation vorgenommen werden.

Einfluss von Substanzmissbrauch auf den Schlaf

Substanzmissbrauch kann die Schlafqualität erheblich beeinträchtigen:

Alkohol: Obwohl Alkohol zunächst eine sedierende Wirkung hat und das Einschlafen erleichtern kann, führt er oft zu einem fragmentierten Schlaf und häufigem Aufwachen während der Nacht. Zudem kann Alkohol die REM-Schlaf-Phasen unterdrücken, was zu einem weniger erholsamen Schlaf führt.

Koffein: Koffein ist ein beliebtes, weit verbreitetes Stimulans, das in Kaffee, Tee und diversen Softdrinks enthalten ist. Der Konsum von koffeinhaltigen Getränken am Nachmittag oder Abend kann das Einschlafen erheblich erschweren und die Gesamtschlafdauer reduzieren.

Nikotin: Rauchen hat ebenfalls negative Auswirkungen auf den Schlaf. Nikotin wirkt stimulierend und kann dazu führen, dass Raucher Schwierigkeiten haben einzuschlafen oder durchzuschlafen.

Illegale Drogen: Der Missbrauch von Drogen wie Kokain oder Methamphetamin kann zu schwerwiegenden Schlafstörungen führen, da diese Substanzen das zentrale Nervensystem stark beeinflussen und oft zu Angstzuständen oder Unruhe führen.

Selbstwirksame Strategien zur Bewältigung von schlafbezogenen Problemen durch Medikamente und Substanzmissbrauch

Um die negativen Auswirkungen von Medikamenten und Substanzmissbrauch auf den Schlaf zu minimieren, können folgende selbstwirksame Strategien hilfreich sein:

Ärztliche Beratung suchen: Bei anhaltenden Schlafproblemen sollte immer ein Arzt konsultiert werden. Eine Überprüfung der aktuellen Medikation kann helfen, problematische Medikamente zu identifizieren und gegebenenfalls Alternativen zu finden.

Medikamenteneinnahme optimieren: Es ist wichtig, Medikamente gemäß den Anweisungen des Arztes einzunehmen und nicht eigenmächtig Änderungen vorzunehmen. Die Einnahmezeit kann ebenfalls einen Einfluss auf den Schlaf haben; einige Medikamente sollten – nach ärztlicher Absprache - möglicherweise morgens statt abends eingenommen werden.

Alkoholkonsum reduzieren: Eine Reduzierung des Alkoholkonsums kann helfen, die Schlafqualität zu verbessern. Alkoholische Getränke sollten mindestens einige Stunden vor dem Zubettgehen vermieden werden.

Koffein einschränken: Der Verzicht auf koffeinhaltige Getränke am Nachmittag und Abend kann dazu beitragen, das Einschlafen zu erleichtern und die Gesamtschlafqualität zu verbessern.

Rauchen aufgeben: Das Aufhören mit dem Rauchen hat zahlreiche gesundheitliche Vorteile und kann auch die Schlafqualität erheblich verbessern.

Gesunde Lebensgewohnheiten fördern: Regelmäßige Bewegung, eine ausgewogene Ernährung sowie Entspannungstechniken wie Meditation oder Yoga können helfen, Stress abzubauen und einen besseren Nachtschlaf zu fördern.

4. TECHNIKEN UND METHODEN ZUR BEHANDLUNG VON SCHLAFSTÖRUNGEN

4.1 Schlaf und Vertrauen: Bedeutung der Selbstwirksamkeit

Selbstwirksamkeit ist ein psychologisches Konzept, das sich auf das Vertrauen einer Person in ihre eigenen Fähigkeiten bezieht, bestimmte Aufgaben erfolgreich zu bewältigen und gewünschte Ergebnisse zu erzielen. Der Begriff wurde maßgeblich von dem Psychologen Albert Bandura geprägt, der Selbstwirksamkeit als einen zentralen Bestandteil seiner sozialen Lerntheorie betrachtete. Die Wahrnehmung von Selbstwirksamkeit beeinflusst nicht nur die Motivation und das Verhalten einer Person, sondern auch deren emotionale Reaktionen auf Herausforderungen. Menschen mit hohem Selbstwirksamkeitsempfinden sind eher bereit, neue Techniken auszuprobieren, Rückschläge als Lernmöglichkeiten zu betrachten und langfristig an ihren Zielen festzuhalten – und sind damit letztendlich erfolgreicher!

Die empfundene Selbstwirksamkeit spielt eine zentrale Rolle dabei, wie Menschen mit ihren Schlafproblemen umgehen und welche Strategien sie zur Verbesserung ihrer Schlafqualität anwenden:

Motivation zur Veränderung: Menschen, die an ihre Fähigkeit glauben, ihre Schlafprobleme zu bewältigen, sind eher bereit, aktiv nach Lösungen zu suchen und neue Techniken auszuprobieren. Diese Motivation ist entscheidend, um Veränderungen im Lebensstil und in den Schlafgewohnheiten vorzunehmen, die zu einer besseren Schlafqualität führen können.

Resilienz gegenüber Rückschlägen: Schlafstörungen können oft mit Rückschlägen und Herausforderungen einhergehen. Personen mit hoher Selbstwirksamkeit sind besser in der Lage, solche Rückschläge als vorübergehende Hindernisse zu betrachten und nicht als Zeichen des Scheiterns. Sie neigen dazu, aus ihren Erfahrungen zu lernen und ihre Strategien anzupassen, anstatt aufzugeben.

Aktive Teilnahme am Heilungsprozess: Ein starkes Gefühl der Selbstwirksamkeit fördert die aktive Teilnahme an der eigenen Gesundheitsversorgung. Betroffene sind eher bereit, sich über ihre Schlafprobleme zu informieren, verschiedene Behandlungsmöglichkeiten zu erkunden und selbstverantwortlich Maßnahmen zur Verbesserung ihres Schlafs zu ergreifen.

Positive emotionale Auswirkungen: Das Vertrauen in die eigene Fähigkeit zur Bewältigung von Herausforderungen kann auch das allgemeine Wohlbefinden steigern. Menschen mit hoher Selbstwirksamkeit berichten häufig von weniger Angst und Stress im Zusammenhang mit ihren Schlafproblemen, was wiederum einen positiven Einfluss auf die Schlafqualität haben kann.

Langfristige Verhaltensänderungen: Die Entwicklung eines starken Gefühls der Selbstwirksamkeit kann dazu beitragen, langfristige Verhaltensänderungen herbeizuführen. Wenn Menschen erkennen, dass sie durch eigene Anstrengungen positive Ergebnisse erzielen können, sind sie motivierter, gesunde Gewohnheiten beizubehalten und ihre Lebensweise nachhaltig zu verändern.

In den folgenden Abschnitten werden wir uns eingehender mit verschiedenen Methoden und Techniken befassen, die es Ihnen ermöglichen, Ihren Schlaf selbstbestimmt, nach eigenem Ermessen, zu beeinflussen. Zugleich wird immer auch die Idee der Selbstwirksamkeit im Umgang mit Schlafstörungen verfolgt, damit Ihre Anstrengungen zu nachhaltigen, positiven Ergebnissen führen.

4.2 Der rote Teppich für den guten Schlaf: Schlafhygiene

Schlafhygiene bezeichnet eine Reihe von Verhaltensweisen und Lebensstilfaktoren, die darauf abzielen, die Qualität des Schlafs nachhaltig zu verbessern und Schlafstörungen vorzubeugen, indem sie eine optimale Schlafumgebung und -routine schaffen helfen. Der Begriff umfasst sowohl physische als auch psychologische Aspekte, die den Schlaf beeinflussen können.

Die wichtigsten Prinzipien der Schlafhygiene

Im Folgenden werden die wichtigsten Prinzipien der Schlafhygiene näher erläutert:

Konsistenz im Schlaf-Wach-Rhythmus: Laaaangweilig, aber: ein regelmäßiger Schlaf-Wach-Zyklus ist entscheidend für die Regulierung des zirkadianen Rhythmus. Es wird empfohlen, jeden Tag zur gleichen Zeit – möglichst auch am Wochenende und im Urlaub - ins Bett zu gehen und aufzustehen, um den Körper an einen stabilen Rhythmus zu gewöhnen. Dies erleichtert das Einschlafen und sorgt für einen erholsameren Schlaf.

Licht und Dunkel: Der Einfluss von Licht und Dunkelheit auf die Hormonproduktion und die damit zusammenhängende Regulierung des Schlafes wurde bereits im ersten Kapitel beschrieben. Folgende selbstwirksame Strategien können in diesem Kontext hilfreich sein:

Natürliche Lichtexposition: Versuchen Sie, täglich ausreichend Tageslicht zu tanken – insbesondere am Morgen –, um Ihre innere Uhr zu stabilisieren.

Begrenzung von Bildschirmzeit am Abend: Reduzieren Sie die Nutzung elektronischer Geräte mindestens eine Stunde vor dem Schlafengehen oder verwenden Sie Blaulichtfilter bzw. spezielle Einstellungen für die Displayanzeige (z.B. „Night Shift"), um blaues Licht am Abend zu vermeiden.

Dunkle Schlafzimmerumgebung: Sorgen Sie dafür, dass Ihr Schlafzimmer dunkel ist; verwenden Sie Verdunkelungsvorhänge oder Augenmasken und vermeiden Sie störende Lichtquellen während der Nacht. Auch vermeintlich unauffällige Lichtquellen wie LED-Anzeigen oder Standby-Lichter können den Schlaf negativ beeinflussen.

Ruhe: Lärmschutzmaßnahmen wie Ohrstöpsel, Noise-Cancelling Kopfhörer oder maskierende („weiße") Geräusche können störende Geräusche minimieren. Weißes Rauschen enthält alle Frequenzen des hörbaren Spektrums gleichmäßig verteilt und bietet somit eine konstante Klangkulisse. Es klingt ähnlich wie das Geräusch eines laufenden Radios ohne Signal oder das Rauschen eines Ventilators. Diese Art von Geräusch (z.B. vom Interpreten „Wooolf" mit dem Titel: „Weißes Rauschen") kann als beruhigend empfunden werden, da es andere, störende Geräusche maskiert und eine gleichmäßige akustische Umgebung schafft. Alternativ können sanfte Hintergrundgeräusche wie Naturklänge oder leise Musik beruhigend wirken und Geräusche überdecken.

Temperatur regulieren: Die ideale Schlaftemperatur liegt zwischen 16 und 20 Grad Celsius. Achten Sie darauf, dass Ihr Schlafzimmer gut belüftet ist und verwenden Sie leichte Bettwäsche im Sommer sowie wärmere Decken im Winter, um eine angenehme Temperatur zu gewährleisten.

Ergonomische Matratze und Kissen: Investieren Sie in eine hochwertige Matratze und Kissen, die Ihren individuellen Bedürfnissen entsprechen. Eine bequeme Liegefläche unterstützt nicht nur den Körper, sondern fördert auch einen erholsamen Schlaf.

Vermeidung von Stimulanzien: Koffein, Nikotin und Alkohol sollten insbesondere in den Stunden vor dem Schlafengehen gemieden werden. Diese Substanzen können den Schlaf stören und die Fähigkeit des Körpers beeinträchtigen, sich zu entspannen.

Etablierung einer Entspannungsroutine: Eine feste Routine vor dem Zubettgehen kann helfen, den Körper auf den Schlaf vorzubereiten. Entspannungstechniken wie Lesen, Meditation oder sanfte Dehnübungen können dazu beitragen, Stress abzubauen und den Geist zu beruhigen.

Regelmäßige körperliche Aktivität: Bewegung hat zahlreiche positive Effekte auf die Schlafqualität. Es wird empfohlen, regelmäßig Sport zu treiben; jedoch sollte intensive körperliche Betätigung kurz vor dem Zubettgehen vermieden werden, da sie den Körper stimulieren kann.

Begrenzung von Nickerchen: Lange Nickerchen während des Tages können den Nachtschlaf beeinträchtigen. Wenn ein Nickerchen notwendig ist, sollte es auf maximal 20 bis 30 Minuten beschränkt werden und idealerweise bis zum frühen Nachmittag stattfinden.

Achtsamkeit bei der Ernährung: Schwere Mahlzeiten kurz vor dem Schlafengehen sollten vermieden werden, da sie das Einschlafen erschweren können. Leichte Snacks sind in Ordnung, aber es ist ratsam, große Mengen an Nahrung zu vermeiden.

Schlaf nur im Bett: Das Bett sollte ausschließlich für den Schlaf und intime Aktivitäten genutzt werden. Dadurch wird eine klare Assoziation zwischen Bett und Schlaf geschaffen, was das Einschlafen erleichtert.

Ordnung halten: Ein aufgeräumtes Schlafzimmer trägt zu einem entspannten Ambiente bei. Reduzieren Sie Unordnung und entfernen Sie Gegenstände, die Stress verursachen könnten. Ein minimalistisches Design kann helfen, Ablenkungen zu vermeiden.

Technologie aus dem Schlafzimmer verbannen: Elektronische Geräte wie Fernseher, Computer und Smartphones sollten idealerweise außerhalb des Schlafzimmers bleiben oder zumindest vor dem Zubettgehen ausgeschaltet werden. Diese Geräte können nicht nur Licht emittieren, sondern auch mentale Stimulation bieten, die das Einschlafen erschwert.

Aromatherapie nutzen: Bestimmte Düfte wie Lavendel oder Kamille haben beruhigende Eigenschaften und können helfen, den Geist zu entspannen. Verwenden Sie ätherische Öle in einem Diffusor oder Duftkerzen (achten Sie darauf, diese vor dem Schlafengehen auszublasen), um eine angenehme Atmosphäre zu schaffen.

Richtige Möbelanordnung: Achten Sie darauf, dass Ihr Bett an einem ruhigen Ort im Raum steht und nicht direkt gegenüber von Türen oder Fenstern platziert ist. Dies kann ein Gefühl der Sicherheit fördern und dazu beitragen, dass Sie sich beim Einschlafen wohler fühlen.

Natürliche Elemente integrieren: Pflanzen können nicht nur die Luftqualität verbessern, sondern auch eine beruhigende Wirkung haben. Wählen Sie pflegeleichte Pflanzen wie Sansevieria oder Aloe Vera für Ihr Schlafzimmer.

Regelmäßige Reinigung: Halten Sie Ihr Schlafzimmer sauber und frei von Staubmilben sowie Allergenen durch regelmäßiges Staubsaugen und Waschen der Bettwäsche bei hohen Temperaturen.

4.3 Entspannungstechniken

In diesem Abschnitt betrachten wir verschiedene Entspannungstechniken näher, die sich als hilfreich erwiesen haben, um Schlafprobleme zu lindern. Von Atemübungen über progressive Muskelentspannung bis hin zu geführten Meditationen – jede dieser Techniken bietet spezifische Vorteile und kann individuell angepasst werden, um Ihren Bedürfnissen gerecht zu werden.

4.3.1 Progressive Muskelentspannung

Die Progressive Muskelentspannung (PME) ist eine weit verbreitete Entspannungstechnik, die von dem amerikanischen Arzt Edmund Jacobson in den 1920er Jahren entwickelt wurde. Sie basiert auf der Idee, dass körperliche Entspannung zu mentaler Entspannung führt - und umgekehrt. Durch gezielte Anspannung und anschließende Entspannung der verschiedenen Muskelgruppen kann die PME helfen, Stress abzubauen, die Körperwahrnehmung zu verbessern und die Schlafqualität zu fördern.

Vorteile für den Schlaf

Reduzierung von Stress und Angst: Stress und Angst sind häufige Ursachen für Schlafstörungen. Die PME hilft, das Nervensystem zu beruhigen und die Produktion von Stresshormonen wie Cortisol zu senken. Durch die gezielte Entspannung der Muskeln wird ein Zustand der Ruhe gefördert, der es einfacher macht, in den Schlaf zu finden.

Förderung der körperlichen Entspannung: Durch das Anspannen und anschließende Entspannen der Muskeln wird eine tiefere körperliche Entspannung erreicht. Dies kann dazu beitragen, Verspannungen im Körper abzubauen, die oft das Einschlafen erschweren oder zu unruhigem Schlaf führen.

Verbesserte Körperwahrnehmung: Die PME schult das Bewusstsein für Spannungen im Körper und fördert ein besseres Verständnis dafür, wie sich Entspannung anfühlt. Dieses erhöhte Körperbewusstsein kann helfen, Spannungen frühzeitig zu erkennen und aktiv abzubauen, bevor sie den Schlaf beeinträchtigen.

Erleichtertes Einschlafen: Viele Menschen berichten, dass sie nach einer Sitzung der PME schneller einschlafen können. Die Technik bereitet den Körper auf den Schlaf vor, indem sie einen Zustand tiefer Entspannung herbeiführt, der das Einschlafen erleichtert.

Steigerung der Schlafqualität: Regelmäßige Anwendung der PME kann nicht nur helfen, schneller einzuschlafen, sondern auch die Gesamtschlafqualität verbessern. Eine entspannte Muskulatur trägt dazu bei, dass man weniger häufig aufwacht und insgesamt erholsamer schläft.

Linderung von körperlichen Beschwerden: Für viele Menschen sind körperliche Beschwerden wie Rückenschmerzen oder Nackenverspannungen eine häufige Ursache für Schlafprobleme. Die PME kann helfen, diese Beschwerden zu lindern und somit einen angenehmeren Schlaf zu fördern.

Entwicklung gesunder Schlafgewohnheiten: Indem die PME Teil einer abendlichen Routine wird, signalisiert sie dem Körper, dass es Zeit ist, sich zu entspannen und auf den Schlaf vorzubereiten. Diese Gewohnheit kann langfristig dazu beitragen, gesunde Schlafmuster zu etablieren.

Erhöhung des allgemeinen Wohlbefindens: Die regelmäßige Praxis der PME fördert nicht nur einen besseren Schlaf, sondern trägt auch zur allgemeinen psychischen Gesundheit bei. Ein erholsamerer Schlaf hat positive Auswirkungen auf Stimmung und Energielevel während des Tages.

Anleitung zur Durchführung

Die Durchführung der Progressiven Muskelentspannung (PME) ist einfach und kann in wenigen Schritten erlernt werden. Um die Technik effektiv anzuwenden, folgen Sie dieser detaillierten Anleitung:

Vorbereitung

Ruhiger Ort: Suchen Sie sich einen ruhigen und komfortablen Ort, an dem Sie ungestört sind. Dies kann Ihr Schlafzimmer, ein ruhiger Raum oder sogar ein bequemer Stuhl sein.

Bequeme Kleidung: Tragen Sie lockere, bequeme Kleidung, die Ihnen Bewegungsfreiheit bietet.

Position: Setzen oder legen Sie sich in eine bequeme Position. Achten Sie darauf, dass Ihr Körper gut unterstützt wird und Sie sich entspannen können.

Atmung: Beginnen Sie mit einigen tiefen Atemzügen. Atmen Sie langsam durch die Nase ein und durch den Mund aus. Konzentrieren Sie sich auf Ihre Atmung und versuchen Sie, Ihren Geist zu beruhigen.

Durchführung der PME

Entweder Sie merken sich den Ablauf, so dass die PME auch ohne Anleitung durchführbar ist, oder Sie lassen sich anleiten (z.B. vom Interpreten „Wooolf" mit dem Titel: „Progressive Muskelentspannung PME").

Füße anspannen: Beginnen Sie mit Ihren Füßen. Spannen Sie die Muskeln in Ihren Füßen an, indem Sie sie fest zusammenziehen (z.B. durch das Beugen der Zehen). Halten Sie diese Spannung für etwa 5 bis 10 Sekunden.

Entspannen: Lassen Sie die Spannung abrupt los und konzentrieren Sie sich auf das Gefühl der Entspannung in Ihren Füßen. Nehmen Sie sich einen Moment Zeit, um dieses Gefühl wahrzunehmen.

Fortfahren mit weiteren Muskelgruppen: Wandern Sie systematisch durch den Körper:

- Waden: Spannen Sie die Wadenmuskulatur an (z.B. durch das Strecken der Füße nach oben).
- Oberschenkel: Ziehen Sie die Oberschenkelmuskeln zusammen.
- Gesäßmuskeln: Spannen Sie die Gesäßmuskulatur an.
- Bauch: Ziehen Sie den Bauch ein und halten Sie die Spannung.
- Rücken: Drücken Sie den unteren Rücken gegen die Unterlage.
- Hände: Fäuste ballen und anspannen.
- Arme: Ziehen Sie die Arme an den Körper heran oder strecken sie aus.
- Schultern: Ziehen Sie die Schultern zu den Ohren hoch.
- Gesicht: Spannen Sie alle Gesichtsmuskeln an (z.B. Stirn runzeln, Augen zusammenkneifen).

Entspannung nach jeder Muskelgruppe: Nach dem Anspannen jeder Muskelgruppe lassen Sie die Spannung los und konzentrieren sich auf das Gefühl der Entspannung für etwa 10 bis 20 Sekunden.

Abschlussphase: Nachdem alle Muskelgruppen bearbeitet wurden, nehmen Sie sich einige Minuten Zeit, um einfach dazuliegen oder zu sitzen und das Gefühl der vollständigen Entspannung in Ihrem Körper zu genießen.

Langsame Beendigung der Übung: Wenn Sie bereit sind, beenden Sie die Übung langsam, indem Sie sich sanft bewegen und Ihre Augen öffnen.

Reflexion: Nehmen Sie sich einen Moment Zeit, um über Ihre Erfahrung nachzudenken. Spüren Sie, wie Ihr Körper sich jetzt anfühlt im Vergleich zum Beginn der Übung.

Die Progressive Muskelentspannung kann jederzeit durchgeführt werden – sei es vor dem Schlafengehen oder während des Tages bei Stress oder Anspannung. Durch regelmäßiges Üben können kurz- und langfristig sowohl körperliche als auch psychische Spannungen abgebaut werden, was letztlich auch Ihre Schlafqualität positiv beeinflusst.

4.3.2 Yoga Nidra

Yoga Nidra, oft als „Yogischer Schlaf" bezeichnet, ist eine geführte Meditationspraxis, die tiefen Entspannungszustand und Bewusstheit miteinander verbindet. Diese Technik hat in den letzten Jahren an Popularität gewonnen, insbesondere im Kontext der Behandlung von Schlafstörungen.

Yoga Nidra ist eine Form der Meditation, die aus dem traditionellen Yoga stammt und darauf abzielt, einen Zustand zwischen Wachsein und Schlaf zu erreichen. Während einer Yoga-Nidra-Sitzung liegt der Praktizierende in einer bequemen Position (meistens auf dem Rücken) und folgt einer geführten Anleitung, die ihn durch verschiedene Phasen der Entspannung führt. Diese Phasen umfassen typischerweise:

Intention (Sankalpa): Setzen eines persönlichen Ziels oder einer Absicht für die Praxis.

Körperbewusstsein: Fokussierung auf verschiedene Körperteile zur Förderung der Entspannung.

Atembeobachtung: Achtsame Wahrnehmung des Atems zur Beruhigung des Geistes.

Visualisierung: Verwendung von Bildern oder Szenarien zur Vertiefung der Entspannung.

Rückkehr ins Wachbewusstsein: Langsame Rückführung in den Wachzustand.

Die Wirkung von Yoga Nidra auf den Schlaf

Zahlreiche Studien haben gezeigt, dass Yoga Nidra positive Auswirkungen auf das Wohlbefinden hat und bei der Behandlung von Schlafstörungen hilfreich sein kann. Die Praxis von Yoga Nidra kann demnach mehrere positive Effekte auf den Schlaf haben:

Tiefenentspannung: Durch die gezielte Entspannung des Körpers und Geistes kann Yoga Nidra helfen, Stress abzubauen und Spannungen zu lösen, die häufig zu Schlafstörungen führen.

Reduzierung von Angst und Sorgen: Die meditative Natur von Yoga Nidra fördert ein Gefühl der inneren Ruhe und Gelassenheit. Dies kann besonders hilfreich sein für Menschen, die unter nächtlichen Grübeleien oder Ängsten leiden.

Regulierung des Nervensystems: Yoga Nidra aktiviert das parasympathische Nervensystem, das für Entspannung und Regeneration verantwortlich ist. Dies kann dazu beitragen, den Körper in einen Zustand vorzubereiten, der für erholsamen Schlaf notwendig ist.

Anwendung in der Selbstwirksamen Behandlung

Die Integration von Yoga Nidra in die selbstwirksame Behandlung von Schlafstörungen kann auf verschiedene Weisen erfolgen:

Geführte Sitzungen: Es gibt zahlreiche Audioaufnahmen (z.B. vom Interpreten „Wooolf" mit dem Titel: „Yoga Nidra") und Apps mit geführten Yoga-Nidra-Sitzungen, die leicht zugänglich sind. Diese können vor dem Schlafengehen genutzt werden, um den Geist zu beruhigen und den Körper auf den Schlaf vorzubereiten.

Kombination mit anderen Techniken: Yoga Nidra kann effektiv mit den anderen Entspannungsmethoden kombiniert werden, die auf den folgenden Seiten vorgestellt werden.

Regelmäßige Praxis: Um die vollen Vorteile von Yoga Nidra zu erfahren, wird empfohlen, es regelmäßig zu praktizieren – idealerweise täglich oder mehrmals pro Woche.

4.3.3 Atemübungen

Atemübungen sind eine effektive Methode zur Förderung der Entspannung und zur Verbesserung der Schlafqualität. Sie basieren auf der Erkenntnis, dass die Atmung eng mit unserem emotionalen und körperlichen Befinden verbunden ist. Durch gezielte Atemtechniken können wir Stress abbauen, den Geist beruhigen und den Körper auf den Schlaf vorbereiten.

Die bewusste Kontrolle der Atmung kann helfen, das Nervensystem zu regulieren und einen Zustand tiefer Entspannung herbeizuführen. Wenn wir gestresst oder ängstlich sind, neigen wir dazu, flach und schnell zu atmen. Durch langsame, tiefere Atemzüge aktivieren wir den Parasympathikus, der für Ruhe und Entspannung verantwortlich ist. Dies führt zu einer Senkung des Herzschlags, einer Verringerung des Blutdrucks und einer allgemeinen Beruhigung des Körpers.

Vorteile für den Schlaf

Atemübungen bieten eine Reihe von Vorteilen mit direktem positiven Einfluss auf die Schlafqualität. Diese Techniken sind nicht nur einfach zu erlernen, sondern auch äußerst effektiv, um sowohl körperliche als auch geistige Spannungen abzubauen. Im Folgenden werden einige der wichtigsten Vorteile von Atemübungen für den Schlaf näher erläutert:

Stressabbau: Stress ist einer der Hauptfaktoren, die zu Schlafstörungen führen können. Durch gezielte Atemübungen wird das Nervensystem beruhigt und die Produktion von Stresshormonen reduziert. Dies hilft, einen Zustand der Entspannung herzustellen, der das Einschlafen erleichtert.

Beruhigung des Geistes: Atemübungen fördern die Achtsamkeit und helfen dabei, den Geist zu klären. Indem Sie sich auf Ihren Atem konzentrieren, können Sie Gedanken und Sorgen loslassen, die oft das Einschlafen verhindern.

Körperliche Entspannung: Die bewusste Kontrolle der Atmung führt zu einer tiefen körperlichen Entspannung. Dies kann Verspannungen im Körper abbauen und ein angenehmeres Gefühl beim Zubettgehen schaffen.

Regulierung des Herzschlags: Langsame und tiefe Atemzüge senken den Herzschlag und stabilisieren den Blutdruck, was zu einem ruhigeren Körperzustand führt – ideal für einen erholsamen Schlaf.

Verbesserte Sauerstoffversorgung: Durch tiefes Atmen wird die Sauerstoffaufnahme erhöht, was zu einer besseren Versorgung des Körpers mit Sauerstoff führt und somit das allgemeine Wohlbefinden steigert.

Förderung eines gesunden Schlafrhythmus: Regelmäßige Praxis von Atemübungen kann helfen, einen gesunden Schlafrhythmus zu etablieren. Indem Sie diese Übungen in Ihre Abendroutine integrieren, signalisieren Sie Ihrem Körper, dass es Zeit ist, sich zu entspannen und auf den Schlaf vorzubereiten.

Linderung von Angstzuständen: Viele Menschen leiden unter nächtlichen Ängsten oder Grübeleien, die das Einschlafen erschweren können. Atemübungen können helfen, diese Ängste zu lindern und ein Gefühl der Sicherheit und Ruhe zu fördern.

Erhöhung des allgemeinen Wohlbefindens: Eine regelmäßige Praxis von Atemtechniken fördert über die Verbesserung des Schlafs hinaus auch das allgemeine psychische Wohlbefinden und die emotionale Stabilität.

Verschiedene Atemtechniken

Es gibt eine Reihe von Atemtechniken, die sich hervorragend zur Förderung der Entspannung und zur Verbesserung der Schlafqualität eignen. Im Folgenden eine Auswahl der bekanntesten und effektivsten Methoden:

Bauchatmung (Zwerchfellatmung):

Beschreibung: Bei der Bauchatmung wird das Zwerchfell aktiv genutzt, um tiefere Atemzüge zu erzeugen. Diese Technik fördert die Sauerstoffaufnahme und hilft, den Körper zu entspannen.

Durchführung:

Legen Sie sich auf den Rücken oder setzen Sie sich bequem hin.

Legen Sie eine Hand auf Ihren Bauch und die andere auf Ihre Brust.

Atmen Sie langsam durch die Nase ein, sodass sich Ihr Bauch hebt (die Hand auf dem Bauch sollte sich heben, während die Hand auf der Brust möglichst unbewegt bleibt).

Halten Sie den Atem für einen Moment an und atmen Sie dann langsam durch den Mund aus.

Wiederholen Sie dies für mehrere Minuten und konzentrieren Sie sich darauf, Ihren Bauch beim Einatmen anzuheben und beim Ausatmen wieder sinken zu lassen.

4-7-8 Methode:

Beschreibung: Diese Technik wurde von Dr. Andrew Weil entwickelt und ist besonders effektiv zur Beruhigung des Geistes und zur Förderung des Schlafs.

Durchführung:

Setzen oder legen Sie sich in eine bequeme Position.

Atmen Sie durch die Nase ein und zählen Sie dabei bis 4.

Halten Sie den Atem an und zählen Sie bis 7.

Atmen Sie durch den Mund aus und zählen Sie bis 8.

Wiederholen Sie diesen Zyklus vier bis acht Mal. Diese Methode hilft dabei, den Geist zu beruhigen und das Einschlafen zu erleichtern.

Wechselatmung (Nadi Shodhana):

Beschreibung: Diese yogische Atemtechnik fördert das Gleichgewicht im Körper und beruhigt den Geist.

Durchführung:

Setzen Sie sich in eine bequeme Position mit geradem Rücken.

Schließen Sie mit dem Daumen Ihrer rechten Hand die rechte Nasenöffnung.

Atmen Sie tief durch die linke Nasenöffnung ein.

Halten Sie kurz inne, schließen dann die linke Nasenöffnung mit dem Ringfinger Ihrer rechten Hand und öffnen gleichzeitig die rechte Nasenöffnung.

Atmen Sie durch die rechte Nasenöffnung aus.

Atmen Sie dann wieder durch die rechte Nasenöffnung ein, schließen sie mit dem Daumen und öffnen die linke Nasenöffnung zum Ausatmen.

Fahren Sie fort, abwechselnd durch jede Nasenöffnung zu atmen.

Atemzählung:

Beschreibung: Diese einfache Technik hilft dabei, den Fokus auf den Atem zu lenken und Gedanken loszulassen.

Durchführung:

Setzen oder legen Sie sich bequem hin.

Beginnen Sie mit tiefem Einatmen durch die Nase und zählen dabei „eins" im Kopf.

Atmen Sie aus und zählen „zwei".

Fahren Sie fort bis „fünf" oder „zehn", je nachdem, was für Sie angenehm ist.

Wenn Ihre Gedanken abschweifen, bringen Sie Ihre Aufmerksamkeit sanft zurück zur Zählung.

Boxatmung (Quadratatmung):

Beschreibung: Diese Technik wird häufig von Athleten verwendet, um Stress abzubauen und Konzentration zu fördern.

Durchführung:

Stellen Sie sich einen imaginären Kasten vor.

Atmen Sie vier Sekunden lang ein (beim ersten Seitenrand des Kastens).

Halten Sie den Atem für vier Sekunden an (beim zweiten Seitenrand).

Atmen Sie vier Sekunden lang aus (beim dritten Seitenrand).

Halten Sie erneut für vier Sekunden an (beim vierten Seitenrand).

Wiederholen Sie diesen Zyklus mehrere Male.

Die genannten Atemtechniken sind wirksame Beispiele für diese einfache Methode, Entspannung zu fördern und Schlafstörungen entgegenzuwirken. Durch regelmäßige Praxis können Ihnen diese Techniken dabei helfen, besser einzuschlafen und insgesamt ruhiger und ausgeglichener im Alltag zu sein.

4.3.4 Meditation und Achtsamkeit

Meditation und Achtsamkeit sind bewährte Techniken, die nicht nur zur Stressreduktion beitragen, sondern auch eine bedeutende Rolle bei der Verbesserung der Schlafqualität spielen können, indem diese Praktiken ein tiefes Gefühl der Entspannung fördern und dabei helfen, den Geist zu beruhigen.

Die Wahl der richtigen Meditationstechnik und Achtsamkeitsübung hängt von persönlichen Vorlieben ab. Probieren Sie, verschiedene Methoden aus, um herauszufinden, welche am besten zu Ihnen passt. Regelmäßige Praxis ist entscheidend; selbst kurze tägliche Sitzungen können langfristig positive Auswirkungen auf Ihre Schlafqualität haben.

Was ist Meditation?

Meditation ist eine kraftvolle Methode, die darauf abzielt, den Geist zu fokussieren und innere Ruhe zu finden. Sie kann in verschiedenen Formen durchgeführt werden, darunter geführte Meditationen, stille Meditation oder Atemmeditation.
Ziel ist es, Gedanken und Emotionen zu beobachten, ohne sich von ihnen mitreißen zu lassen. Dies fördert ein Gefühl der Gelassenheit und hilft dabei, den mentalen Lärm des Alltags abzubauen.

Achtsamkeit verstehen:

Achtsamkeit bedeutet, im gegenwärtigen Moment präsent zu sein und die eigenen Gedanken, Gefühle und Körperempfindungen bewusst wahrzunehmen.
Durch Achtsamkeitsübungen lernen Sie, Ihre Aufmerksamkeit auf das Hier und Jetzt zu lenken, was dazu beiträgt, Grübeleien und Sorgen über die Vergangenheit oder Zukunft zu reduzieren – häufige Ursachen für Schlafprobleme.

Vorteile für den Schlaf

Reduktion von Stress und Angst:
Stress und Angst sind häufige Ursachen für Schlafstörungen. Durch regelmäßige Meditations- und Achtsamkeitsübungen können Sie Ihre Stressreaktionen verringern und ein Gefühl der inneren Ruhe entwickeln. Studien zeigen, dass diese Praktiken das Niveau des Stresshormons Cortisol senken, was zu einer entspannteren Stimmung führt und das Einschlafen erleichtert.

Verbesserung der emotionalen Gesundheit:
Achtsamkeit kann dazu beitragen, negative Gedankenmuster zu erkennen und zu verändern, was das allgemeine Wohlbefinden steigert.

Erhöhung der Selbstwahrnehmung:
Durch Achtsamkeit entwickeln Sie ein besseres Verständnis für Ihre eigenen Bedürfnisse und Emotionen, was Ihnen helfen kann, gesündere Entscheidungen in Bezug auf Ihren Lebensstil und Ihre Schlafgewohnheiten zu treffen.

Förderung der Entspannung:
Meditationstechniken aktivieren das parasympathische Nervensystem und helfen dabei, den Körper in einen Zustand tiefer Entspannung zu versetzen. Dies kann dazu beitragen, körperliche Spannungen abzubauen und die Muskulatur zu lockern, was wiederum das Einschlafen erleichtert und die Schlafqualität verbessert.

Verbesserung der Schlafarchitektur:
Regelmäßige Meditationspraxis kann positive Auswirkungen auf die Schlafarchitektur haben, d.h., sie kann dazu beitragen, die verschiedenen Schlafphasen (Leichtschlaf, Tiefschlaf, REM-Schlaf) zu optimieren. Eine ausgewogene Verteilung dieser Phasen ist entscheidend für erholsamen Schlaf und eine gute Regeneration.

Erhöhung der Achtsamkeit:
Achtsamkeitstraining fördert die Fähigkeit, im gegenwärtigen Moment zu leben und Gedanken sowie Gefühle ohne Urteil wahrzunehmen. Diese erhöhte Achtsamkeit kann helfen, Grübelneigungen zu reduzieren – ein häufiges Problem bei

Menschen mit Schlafstörungen –, indem sie es Ihnen ermöglicht, störende Gedanken loszulassen und sich auf den Moment zu konzentrieren.

Unterstützung bei der Bewältigung von schlafbezogenen Ängsten:
Viele Menschen entwickeln Ängste in Bezug auf ihren Schlaf (z.B. „Ich werde nicht einschlafen können und morgen müde sein"). Meditation kann helfen, diese Ängste abzubauen, indem sie Ihnen Werkzeuge an die Hand gibt, um negative Gedankenmuster zu erkennen und umzupolen.

Förderung einer positiven Einstellung zum Schlaf:
Durch regelmäßige Meditationspraxis können Sie eine positivere Einstellung zum Thema Schlaf entwickeln. Anstatt sich unter Druck gesetzt zu fühlen oder frustriert über schlaflose Nächte zu sein, lernen Sie, den Prozess des Einschlafens als natürlichen Teil Ihres Lebens anzunehmen.

Verbesserung der allgemeinen Lebensqualität:
Die positiven Effekte von Meditation und Achtsamkeit erstrecken sich über den Schlaf hinaus auf andere Lebensbereiche. Eine verbesserte emotionale Stabilität, gesteigerte Konzentration und ein allgemeines Gefühl des Wohlbefindens tragen dazu bei, dass Sie tagsüber weniger gestresst sind – was wiederum Ihre Nachtruhe fördert.

Atemmeditation:

Beschreibung: Diese Technik konzentriert sich auf den Atem als Anker für die Aufmerksamkeit. Sie hilft dabei, den Geist zu beruhigen und im gegenwärtigen Moment zu bleiben.

Durchführung:

Setzen oder legen Sie sich an einen ruhigen Ort.
Schließen Sie die Augen und atmen Sie tief durch die Nase ein.
Lenken Sie Ihre Aufmerksamkeit auf das Ein- und Ausströmen der Luft.
Zählen Sie beim Einatmen bis vier, halten Sie den Atem für einen Moment an und zählen Sie beim Ausatmen bis sechs oder acht.
Wenn Gedanken auftauchen, nehmen Sie diese wahr, lassen Sie sie jedoch vorbeiziehen und kehren Sie sanft zur Konzentration auf Ihren Atem zurück.

Geführte Meditation:

Beschreibung: Bei dieser Technik führt eine Stimme (live oder aufgezeichnet) durch die Meditationssitzung. Dies kann besonders hilfreich sein für Anfänger oder Menschen, die Schwierigkeiten haben, ihre Gedanken zu fokussieren.

Durchführung:

Suchen Sie eine geführte Meditationsaufnahme, die speziell für Entspannung oder Schlaf entwickelt wurde (z.B. vom Interpreten „Wooolf" mit dem Titel: „Geführte Meditation für guten Schlaf" oder auch viele Apps bieten solche Inhalte an).
Finden Sie einen bequemen Platz zum Sitzen oder Liegen und schließen Sie die Augen.
Folgen Sie den Anweisungen des Sprechers und lassen Sie sich in einen Zustand der Entspannung führen.

Body Scan:

Beschreibung: Diese Technik fördert das Bewusstsein für den eigenen Körper und hilft dabei, Spannungen abzubauen.

Durchführung:

Legen Sie sich bequem hin und schließen Sie die Augen.
Beginnen Sie bei den Zehen und lenken Sie Ihre Aufmerksamkeit nacheinander auf jeden Teil Ihres Körpers – von den Füßen über Beine, Bauch, Brust bis hin zum Kopf.
Nehmen Sie wahr, wie sich jeder Bereich anfühlt; entspannen Sie bewusst verspannte Stellen.
Diese Übung kann helfen, körperliche Spannungen abzubauen und den Geist zu beruhigen.

Visualisierung:

Beschreibung: Bei dieser Technik stellen Sie sich einen ruhigen Ort oder eine friedliche Szene vor, um Stress abzubauen und Entspannung zu fördern.

Durchführung:

Setzen oder legen Sie sich an einen ruhigen Ort und schließen Sie die Augen.
Stellen Sie sich einen Ort vor, der Ihnen Frieden bringt – sei es ein Strand, ein Wald oder ein ruhiger Garten.
Versuchen Sie, alle Sinne einzubeziehen: Hören Sie das Rauschen des Wassers oder das Zwitschern der Vögel; fühlen Sie den warmen Sand unter Ihren Füßen oder den Duft der Blumen in der Luft.
Lassen Sie sich von dieser Vorstellung leiten und genießen Sie das Gefühl der Ruhe.

Mantra-Meditation:

Beschreibung: Diese Technik beinhaltet das Wiederholen eines bestimmten Wortes oder Satzes (Mantra), um den Geist zu fokussieren und innere Ruhe zu finden.

Durchführung:

Wählen Sie ein Mantra aus – dies kann ein einfaches Wort wie „Ruhe" oder „Frieden" sein oder ein traditionelles Mantra aus einer spirituellen Praxis. Setzen oder legen Sie sich bequem hin und schließen Sie die Augen. Wiederholen Sie Ihr Mantra leise im Geist während des Ein- und Ausatmens.
Lassen Sie alle anderen Gedanken los und konzentrieren Sie sich nur auf das Mantra.

Körperliche Achtsamkeit (Mindful Movement):

Beschreibung: Diese Technik kombiniert sanfte Bewegungen mit Achtsamkeitspraxis, um Körperbewusstsein zu fördern und Stress abzubauen.

Durchführung:

Praktizieren Sie sanfte Yoga-Übungen oder Tai Chi-Elemente in einem langsamen Tempo.
Konzentrieren Sie sich darauf, wie Ihr Körper sich bewegt und welche Empfindungen dabei auftreten.

Achtsames Atmen:

Beschreibung: Diese Übung konzentriert sich auf den Atem und hilft dabei, den Geist zu beruhigen.

Durchführung:

Setzen Sie sich an einen ruhigen Ort oder legen Sie sich bequem hin.

Schließen Sie die Augen und atmen Sie tief durch die Nase ein, halten Sie kurz inne und atmen Sie dann langsam durch den Mund aus.

Konzentrieren Sie sich auf das Gefühl des Atems – wie er in Ihren Körper strömt und ihn wieder verlässt.

Wenn Gedanken auftauchen, nehmen Sie diese wahr, ohne sie zu bewerten, und lenken Sie Ihre Aufmerksamkeit sanft zurück auf Ihren Atem.

Achtsame Körperwahrnehmung:

Beschreibung: Diese Übung fördert das Bewusstsein für körperliche Empfindungen und hilft dabei, Spannungen abzubauen.

Durchführung:

Legen Sie sich bequem hin oder setzen Sie sich aufrecht hin.

Beginnen Sie bei den Zehen und wandern Sie langsam durch Ihren Körper bis zum Kopf.

Nehmen Sie jede Empfindung wahr – sei es Wärme, Kälte oder Spannung – ohne zu urteilen.

Lassen Sie mit jedem Ausatmen Spannungen los und entspannen Sie bewusst jedes Körperteil.

Achtsames Gehen:

Beschreibung: Diese Übung verbindet Bewegung mit Achtsamkeit und fördert das Bewusstsein für den eigenen Körper im Raum.

Durchführung:

Suchen Sie sich einen ruhigen Ort, an dem Sie ungestört gehen können.

Gehen Sie langsam und bewusst, wobei jeder Schritt mit Achtsamkeit ausgeführt wird.

Konzentrieren Sie sich auf das Gefühl Ihrer Füße auf dem Boden, das Heben und Senken der Beine sowie auf Ihre Atmung während des Gehens.

Versuchen Sie, alle anderen Gedanken loszulassen und nur im Moment präsent zu sein.

Achtsames Essen:

Beschreibung: Diese Übung fördert das Bewusstsein für Nahrungsmittel und deren Wirkung auf den Körper.

Durchführung:

Wählen Sie eine kleine Portion eines Lebensmittels (z.B. eine Rosine oder ein Stück Obst).
Halten Sie es in der Hand und betrachten Sie es aufmerksam – seine Farbe, Form und Textur.
Nehmen Sie einen kleinen Bissen und kauen Sie langsam, während Sie die verschiedenen Geschmäcker wahrnehmen.
Achten Sie darauf, wie Ihr Körper auf das Essen reagiert; dies kann helfen, ein besseres Verhältnis zu Ihrer Ernährung zu entwickeln.

Dankbarkeitsübung:

Beschreibung: Diese Übung fördert eine positive Einstellung und hilft dabei, stressige Gedanken zu relativieren.

Durchführung:

Nehmen Sie sich am Ende des Tages einige Minuten Zeit, um über drei Dinge nachzudenken oder aufzuschreiben, für die Sie dankbar sind.
Dies können kleine Dinge sein (z.B. eine Tasse Tee) oder größere Ereignisse (z.B. Zeit mit Freunden).
Fokussieren Sie sich auf die positiven Aspekte Ihres Lebens; dies kann helfen, negative Gedankenmuster zu durchbrechen.

Achtsame Pausen im Alltag:

Beschreibung: Integrieren von kurzen Achtsamkeitsmomenten in Ihren Alltag kann helfen, Stress abzubauen.

Durchführung:

Nehmen Sie sich mehrmals am Tag kurze Pausen (1-2 Minuten), um innezuhalten und bewusst durchzuatmen.
Nutzen Sie diese Momente, um Ihre Umgebung wahrzunehmen – hören Sie Geräusche um sich herum oder spüren Sie den Boden unter Ihren Füßen.

Die regelmäßige Praxis dieser Achtsamkeitsübungen kann Ihnen helfen, im Moment präsent zu sein und negative Gedankenmuster loszulassen. Damit tragen sie dazu bei, Stress abzubauen sowie ein Gefühl der inneren Ruhe zu fördern und damit gute Voraussetzungen für einen erholsamen Schlaf zu schaffen.

4.3.5 Integration in die Abendroutine

Eine konsistente und entspannende Abendpraxis signalisiert dem Körper, dass es Zeit ist, sich auf den Schlaf vorzubereiten. Hier sind einige Schritte und Tipps, wie Sie Atemübungen effektiv in Ihre Abendroutine einbauen können:

Festlegen eines festen Zeitpunkts:
Wählen Sie eine bestimmte Zeit am Abend, die Sie regelmäßig für Ihre Atemübungen reservieren möchten. Dies könnte beispielsweise 30 Minuten vor dem Zubettgehen sein.

Ein fester Zeitpunkt hilft dabei, aus der Übung eine Gewohnheit werden zu lassen und den Körper auf den bevorstehenden Schlaf einzustellen. Stellen Sie sich ggf. einen Timer auf Ihrem Mobiltelefon.

Schaffung einer ruhigen Umgebung:
Gestalten Sie Ihren Raum so, dass er eine entspannende Atmosphäre fördert. Dimmen Sie das Licht, reduzieren Sie Geräusche und sorgen Sie für eine angenehme Temperatur.

Verwenden Sie gegebenenfalls beruhigende Düfte wie Lavendel oder Kamille, um die Entspannung zu unterstützen.

Kombination mit anderen Entspannungstechniken:
Integrieren Sie Atemübungen in eine umfassendere Entspannungsroutine, die auch andere Techniken wie sanftes Dehnen, Meditation oder das Hören beruhigender Musik umfasst.

Diese Kombination kann die Wirkung der Atemübungen verstärken und Ihnen helfen, schneller zur Ruhe zu kommen.

Dauer und Häufigkeit:
Beginnen Sie mit kurzen Sitzungen von etwa 5 bis 10 Minuten und steigern Sie die Dauer nach Bedarf.

Es ist wichtig, regelmäßig zu üben – idealerweise jeden Abend – um die besten Ergebnisse zu erzielen.

Atemübung auswählen:

Wählen Sie eine oder mehrere Atemtechniken aus, die Ihnen am besten gefallen oder die sich für Ihre Bedürfnisse eignen.

Variieren Sie die Übungen gelegentlich, um Abwechslung in Ihre Routine zu bringen und neue Aspekte der Entspannung zu entdecken.

Achtsamkeit während der Übungen:

Konzentrieren Sie sich während der Atemübungen vollständig auf Ihren Atem und versuchen Sie, Gedanken an den Tag loszulassen.

Wenn Ihr Geist abschweift, lenken Sie Ihre Aufmerksamkeit sanft zurück auf den Atem.

Reflexion nach der Übung:

Nehmen Sie sich am Ende Ihrer Atemübung einen Moment Zeit, um über das Erlebte nachzudenken.

Achten Sie darauf, wie Ihr Körper sich anfühlt und welche Veränderungen in Ihrem geistigen Zustand eingetreten sind.

Vorbereitung auf den Schlaf:

Nach den Atemübungen können Sie weitere Rituale einführen, wie das Lesen eines Buches oder das Hören von beruhigenden Klängen.

Vermeiden Sie Bildschirme (Handy, Fernseher) mindestens 30 Minuten vor dem Schlafengehen, da das blaue Licht den Schlafrhythmus stören kann.

Durch die bewusste Integration von Atemübungen in Ihre Abendroutine schaffen Sie sich einen Raum für Entspannung und Selbstfürsorge; zugleich können Sie damit Ihre Schlafqualität verbessern. Mit der Zeit werden diese Praktiken Teil Ihres abendlichen Rituals und helfen Ihnen dabei, besser zur Ruhe zu kommen und erholsamere Nächte zu erleben. In den folgenden Abschnitten werden wir weitere Strategien zur Verbesserung des Schlafs untersuchen sowie deren spezifische Anwendungsmöglichkeiten betrachten.

4.4 Tagträumen

Tagträumen ist mehr als nur eine flüchtige Fantasie; es ist ein kraftvolles Werkzeug zur emotionalen Verarbeitung und kann entscheidend dazu beitragen, die Qualität unseres Schlafs zu verbessern. Es lohnt sich, bewusst Zeit für diese flüchtigen Momente einzuplanen und sie in unseren Alltag zu integrieren, denn Tagträumen kann - wie wir gleich feststellen werden - dabei behilflich sein, unsere Einschlafprobleme zu lindern und unser allgemeines Wohlbefinden zu steigern. Gerade in sehr eng getakteten Zeiten voller Ablenkungen, Informationen und notwendiger Erledigungen kann es bedeutend sein, kurze Momente der inneren Ruhe zu schaffen; Tagträumen bietet uns genau diese Möglichkeit.

Tagträumen als Werkzeug zur selbstwirksamen Behandlung von Schlafstörungen

Viele Menschen sind mit einer Flut von Informationen und Verpflichtungen konfrontiert; ihnen bleibt häufig nur wenig Zeit für innere Reflexion und mentale Entspannung. Ständige Absorption und Ablenkung kann wiederum unseren Geist überlasten; dies verhindert, dass wir zur Ruhe kommen und einen erholsamen Schlaf finden können. Eine interessante Strategie zur Förderung des Schlafs könnte das Tagträumen sein – eine oft unterschätzte Praxis, die nicht nur kreative Gedanken anregt, sondern auch als wertvolles Werkzeug zur emotionalen Verarbeitung dient.

Die Rolle des Tagträumens

Tagträumen ermöglicht es uns, Gedanken und Emotionen zu verarbeiten, die im hektischen Alltag möglicherweise unterdrückt oder ignoriert werden. Wissenschaftliche Untersuchungen zeigen, dass Tagträumen eine wichtige Funktion für die emotionale Gesundheit hat. Es bietet Raum für Problemlösungen und hilft dabei, persönliche Themen zu reflektieren. Wenn wir uns tagsüber Zeit nehmen, um zu träumen und unsere Gedanken schweifen zu lassen, können wir den Kopf von belastenden Themen befreien und diese mental „abarbeiten". Dies kann dazu beitragen, dass wir beim Einschlafen weniger mit Grübeleien beschäftigt sind. Diese

Momente der frei flottierenden Gedanken können auch bei körperlicher Betätigung oder dem Musikhören entstehen und sind gleichermaßen wertvoll.

Zusammenhang zwischen Tagträumen und Schlafqualität

Ein Mangel an Zeit für das Tagträumen kann dazu führen, dass unser Geist überaktiv bleibt, wenn es Zeit zum Schlafen ist. Stressige Gedanken und ungelöste Probleme können das Einschlafen erschweren und sich in der Nacht verstärken. Forschungsergebnisse deuten darauf hin, dass Menschen, die tagsüber regelmäßig Zeit für kreative oder entspannende Gedanken einplanen – sei es durch Tagträumen oder andere Formen der mentalen Entspannung – tendenziell besser schlafen.

Praktische Tipps zur Integration von Tagträumen in den Alltag

Zeit einplanen: Schaffen Sie sich täglich einen kurzen Zeitraum (5-15 Minuten), in dem Sie ungestört sind und sich zurücklehnen können. Nutzen Sie diese Zeit zum Tagträumen oder einfach zum Nachdenken über Ihre Wünsche und Ziele.

Entspannungsorte finden: Suchen Sie sich einen ruhigen Ort aus – sei es ein gemütlicher Sessel oder ein Platz im Freien – wo Sie sich wohlfühlen und Ihre Gedanken frei fließen lassen können.

Visualisierungstechniken nutzen: Stellen Sie sich positive Szenarien vor oder erinnern Sie sich an schöne Erlebnisse. Visualisieren Sie diese so lebhaft wie möglich; dies kann helfen, Ihren Geist zu beruhigen.

Achtsamkeit praktizieren: Kombinieren Sie das Tagträumen mit Achtsamkeitsübungen (siehe Kapitel 4.3). Konzentrieren Sie sich auf Ihren Atem oder auf die Empfindungen in Ihrem Körper während des Träumens.

Reflexion nach dem Tagträumen: Nehmen Sie sich nach dem Tagträumen einen Moment Zeit, um Ihre Gedanken aufzuschreiben oder darüber nachzudenken. Dies kann helfen, Klarheit über Ihre Gefühle zu gewinnen und ungelöste Themen anzugehen.

5. KOGNITIVE VERHALTENSTHERAPIE FÜR INSOMNIE (KVT-I)

Die Kognitive Verhaltenstherapie für Insomnie (KVT-I) ist eine evidenzbasierte Therapieform, die sich in zahlreichen Forschungsarbeiten als äußerst wirksam bei der Behandlung von Schlafstörungen erwiesen hat. Sie zielt darauf ab, dysfunktionale Gedanken und Verhaltensweisen im Zusammenhang mit dem Schlaf zu identifizieren und zu verändern. In diesem Abschnitt werden die Grundprinzipien der KVT-I sowie deren spezifische Techniken und Strategien zur Verbesserung der Schlafqualität vorgestellt.

Grundlagen der KVT-I:

Die Kognitive Verhaltenstherapie ist eine Form der Psychotherapie, die darauf abzielt, negative Denkmuster und Verhaltensweisen zu identifizieren und zu verändern. Im Kontext von Schlafstörungen konzentriert sich KVT-I auf die spezifischen Gedanken und Verhaltensweisen, die den Schlaf beeinträchtigen können. Oftmals sind es Ängste oder falsche Überzeugungen über den Schlaf, die dazu führen, dass wir uns unter Druck setzen oder uns in einem Teufelskreis aus Sorgen und Schlaflosigkeit verfangen.

Die Therapie umfasst in der Regel mehrere Sitzungen mit einem qualifizierten Therapeuten, kann jedoch auch in Selbsthilfeformaten durchgeführt werden.

Ein zentrales Element der KVT-I ist die Erkenntnis, dass unser Denken einen direkten Einfluss auf unser Verhalten hat. Wenn wir beispielsweise glauben, dass wir ohne eine bestimmte Anzahl an Stunden Schlaf am nächsten Tag nicht funktionsfähig sein können, kann dieser Gedanke selbst zu Stress führen und das Einschlafen erschweren. KVT-I hilft dabei, solche dysfunktionalen Gedanken zu erkennen (Identifikation) und durch realistischere Überzeugungen zu ersetzen (kognitive Umstrukturierung).

Darüber hinaus umfasst KVT-I praktische Techniken zur Verbesserung der Schlafhygiene und zur Schaffung eines förderlichen Schlafumfelds, wie wir sie schon in den vorangegangenen Kapiteln kennengelernt haben. Diese Methoden sind darauf ausgelegt, den Körper und Geist auf den Schlaf vorzubereiten und gesunde Schlafgewohnheiten zu fördern.

5.1 Identifikation und Umstrukturierung von negativen Gedankenmustern

Ein zentraler Bestandteil der Kognitiven Verhaltenstherapie für Insomnie ist die Identifikation und Umstrukturierung negativer Gedankenmuster, die den Schlaf beeinträchtigen können. Diese dysfunktionalen Überzeugungen und Denkmuster tragen häufig zur Aufrechterhaltung von Schlafproblemen bei und verstärken das Gefühl der Hilflosigkeit und des Stresses im Zusammenhang mit dem Schlaf. Im Folgenden werden wir die Schritte zur Identifikation dieser negativen Gedanken-muster sowie deren Auswirkungen auf den Schlaf näher betrachten.

Erkennen von negativen Gedanken:

Der erste Schritt besteht darin, sich bewusst zu machen, welche Gedanken während des Einschlafens oder in der Nacht auftreten. Viele Menschen haben au-tomatisierte negative Gedanken, die sie oft nicht aktiv wahrnehmen.

Beispiele für solche Gedanken sind: „Ich werde nie wieder schlafen können", „Wenn ich nicht genug schlafe, kann ich morgen nicht funktionieren" oder „Ich muss mindestens acht Stunden schlafen, sonst bin ich am nächsten Tag unbrauch-bar".

Tagebuch führen:

Eine effektive Methode zur Identifikation negativer Gedanken ist das Führen eines Schlaf- oder Gedankenjournals. Hierbei notieren Betroffene ihre Gedanken und Gefühle rund um den Schlaf, insbesondere an Nächten mit Schwierigkeiten beim Einschlafen oder Durchschlafen.

Durch das regelmäßige Festhalten dieser Gedanken können Muster erkannt werden, die auf spezifische Ängste oder Überzeugungen hinweisen.

Kategorisierung der Gedanken:

Die identifizierten negativen Gedanken sollten kategorisiert werden, um ein besseres Verständnis ihrer Natur zu erlangen und sie zu rationalisieren. Häufige Kategorien sind:

Katastrophisierende Gedanken. Beispiele hierfür sind:

- „Wenn ich nicht sofort einschlafe, werde ich den ganzen Tag müde sein."
- "Ich kann nicht funktionieren, wenn ich nicht genug geschlafen habe."
- "Es ist schlimm, nachts wach zu sein."
- "Wenn ich einmal wach bin, ist mein Schlaf ruiniert."
- "Schlaflosigkeit ist ein Zeichen für Schwäche."

Verallgemeinerungen. Beispiele hierfür sind:

- "Ich muss jede Nacht mindestens 8 Stunden schlafen."
- "Jeder andere schläft besser als ich."
- "Ich kann meinen Schlaf nicht beeinflussen."
- "Koffein wird meinen Schlaf immer ruinieren."
- "Ich darf vor dem Schlafengehen nichts essen oder trinken."

Schwarz-Weiß-Denken. Beispiele hierfür sind:

- "Wenn ich nicht schnell einschlafe, bin ich ein Versager."
- "Mein Schlafzimmer muss perfekt sein, damit ich gut schlafen kann."
- "Ich sollte mich im Bett ohne Hilfsmittel und Techniken entspannen kön-
nen."
- "Schlafmittel sind die einzige Lösung für meine Schlafprobleme."
- "Ich darf keine Nickerchen machen, sonst schlafe ich nachts nicht gut."
- "Wenn ich an etwas denke, das mich stresst, kann ich nicht schlafen."
- "Es ist schlimm, wenn ich nachts wach bin." (auch katastrophisierend)

Hinterfragen der Gedanken:

Nachdem negative Gedanken identifiziert wurden, ist es wichtig, diese kritisch zu hinterfragen. Fragen wie „Ist dieser Gedanke wirklich wahr?" oder „Welche Beweise habe ich dafür?" helfen dabei, die Realität hinter den eigenen Überzeugungen zu erkennen.

Oft zeigt sich, dass viele dieser negativen Annahmen übertrieben oder unbegründet sind:

- Ist es wirklich so schlimm, wenn ich tagsüber müde bin? Kann ich trotzdem funktionieren?
- Was passiert wirklich, wenn ich nachts wach bin? Ist es das Ende der Welt?
- Muss ich wirklich jede Nacht genau 8 Stunden schlafen? Gibt es Menschen, die mit weniger auskommen?
- Ist es wahr, dass Koffein immer meinen Schlaf ruiniert? Wie reagiert mein Körper tatsächlich darauf?
- Muss mein Schlafzimmer perfekt sein? Was passiert, wenn es nicht so ist?
- Gibt es nur eine Lösung für meine Schlafprobleme? Welche anderen Strategien könnte ich ausprobieren?

Umstrukturierung der Gedanken:

Der nächste Schritt besteht darin, negative Gedanken bewusst zu hinterfragen und anzupassen. Beginnen Sie damit, einen negativen Gedanken aufzuschreiben, den Sie häufig haben, wie zum Beispiel: „Ich kann nicht schlafen, ich werde morgen völlig erschöpft sein."

Stellen Sie dann Fragen wie: „Was sind die Beweise für diesen Gedanken?" oder „Wie würde ich einem Freund raten, der diesen Gedanken hat?"

Ersetzen Sie den negativen Gedanken durch eine ausgewogenere Sichtweise, etwa: „Ich habe in der Vergangenheit auch mit weniger Schlaf funktioniert."

Beispiele für die Umstrukturierung in ausgewogenere Sichtweisen:

Katastrophisierende Gedanken:

- „Wenn ich nicht sofort einschlafe, kann es sein, dass ich am nächsten Tag etwas müde bin, aber das ist normal und oft kein großes Problem."
- „Ich kann auch mit weniger Schlaf funktionieren; viele Menschen haben gelegentlich einen schlechten Schlaftag."
- „Es ist unangenehm, nachts wach zu sein, aber es passiert vielen Menschen und ist oft vorübergehend."
- „Wenn ich einmal wach bin, kann ich sicher wieder einschlafen oder einfach ruhen und entspannen."
- „Schlaflosigkeit ist herausfordernd, aber sie definiert mich nicht als schwach."

Allgemeine Verallgemeinerungen:

- „Es wäre ideal, jede Nacht etwa 7-9 Stunden zu schlafen; manchmal reicht auch weniger aus."
- „Jeder hat unterschiedliche Schlafbedürfnisse; mein Schlafverhalten könnte anders sein als das anderer."
- „Ich habe Einfluss auf meinen Schlaf durch verschiedene Techniken und Strategien."
- „Koffein kann meinen Schlaf beeinträchtigen; jedoch hängt dies von der Menge und dem Zeitpunkt ab."
- „Ein leichter Snack vor dem Schlafengehen ist völlig in Ordnung; es kommt auf die Art des Snacks an."

Schwarz-Weiß-Denken:

- „Es ist in Ordnung, wenn ich nicht sofort einschlafe; jeder hat mal Schwierigkeiten beim Einschlafen."
- „Mein Schlafzimmer muss nicht perfekt sein; eine angenehme Umgebung reicht vollkommen."

- „Ich kann versuchen zu entspannen im Bett; manchmal braucht es Zeit und Geduld."
- „Es gibt viele Ansätze zur Verbesserung meines Schlafs; Medikamente sind nur eine Möglichkeit unter vielen."
- „Nickerchen können hilfreich sein; sie müssen nicht immer meinen Nachtschlaf stören."
- „Stressige Gedanken können mich manchmal wach halten; aber es gibt Techniken wie Achtsamkeit oder Journaling, um damit umzugehen."

Positive Affirmationen:

Positive Affirmationen sind kurze, kraftvolle Aussagen, die dazu dienen, das Selbstvertrauen zu stärken und negative Denkmuster zu durchbrechen.

Entwickeln Sie eine Liste von positiven Affirmationen über Ihren Schlaf und Ihre Fähigkeit, gut mit Schlafmangel umzugehen. Beispiele hierfür könnten sein:

- "Ich vertraue darauf, dass mein Körper die Ruhe findet, die er braucht."
- "Jede Nacht bietet mir die Möglichkeit, mich zu regenerieren und zu erholen."
- "Ich bin in der Lage, auch mit weniger Schlaf produktiv und fokussiert zu sein."
- "Ich akzeptiere, dass Schlaflosigkeit manchmal vorkommen kann, und ich kann damit umgehen."
- "Mein Körper weiß, wie er sich selbst heilen kann, auch wenn ich nicht perfekt schlafe."
- "Ich schaffe eine entspannende Umgebung, die mir hilft, zur Ruhe zu kommen."
- "Ich bin dankbar für die Momente der Entspannung, die ich im Bett genießen kann."
- "Ich lasse den Druck los, sofort einzuschlafen; ich genieße einfach den Moment."
- "Jeder Atemzug bringt mir Ruhe und Gelassenheit."
- "Ich bin fähig, meine Gedanken zu beruhigen und Frieden zu finden."
- "Schlaf ist wichtig für mich, und ich gebe ihm den Raum, den er braucht."

- "Ich finde Freude an kleinen Nickerchen während des Tages, wenn ich sie brauche."
- "Ich bin stark und kann Herausforderungen im Zusammenhang mit Schlafmangel meistern."
- "Mein Geist ist klar und fokussiert, egal wie viel Schlaf ich bekomme."
- "Ich nehme mir Zeit für mich selbst und achte auf meine Bedürfnisse."
- "Es ist in Ordnung, nicht jede Nacht perfekt zu schlafen; ich bin geduldig mit mir selbst."
- "Ich umarme die Ruhe der Nacht und lasse alle Sorgen los."
- "Jeder Tag bietet neue Möglichkeiten zur Erholung und zum Wachstum."
- "Ich bin stolz auf meine Fähigkeit, mich an verschiedene Schlafmuster anzupassen."
- "Ich verdiene es, gut zu schlafen und mich wohlzufühlen in meinem Körper."

Wiederholen Sie diese Affirmationen regelmäßig, insbesondere vor dem Zubettgehen oder wenn negative Gedanken aufkommen.

Reframing-Technik:

Reframing bedeutet, eine Situation aus einer anderen Perspektive zu betrachten; in unserem Kontext bedeutet Reframing, negative Gedanken oder Überzeugungen in positivere und hilfreichere Perspektiven umzuwandeln. Wenn Sie beispielsweise denken: „Ich muss sofort einschlafen", versuchen Sie stattdessen zu denken: „Es ist in Ordnung, wenn ich etwas Zeit brauche, um einzuschlafen." Diese Technik hilft dabei, den Druck abzubauen und eine entspannendere Einstellung zum Schlafen zu entwickeln.

Hier sind weitere Beispiele für Reframing im Kontext von Schlaf und -mangel:

Negativ: "Ich kann nicht schlafen, ich werde morgen völlig erschöpft sein."
Reframed: "Ich habe die Fähigkeit, auch mit weniger Schlaf produktiv zu sein."

Negativ: "Ich bin ein Versager, weil ich nicht sofort einschlafe."

Reframed: "Es ist normal, manchmal Schwierigkeiten beim Einschlafen zu haben; ich bin nicht allein."

Negativ: "Wenn ich nachts wach bin, ist das schlimm."
Reframed: "Die Zeit im Bett kann auch eine Gelegenheit zur Entspannung sein, selbst wenn ich nicht schlafe."

Negativ: "Ich muss jede Nacht perfekt schlafen."
Reframed: "Es ist in Ordnung, unterschiedliche Schlafbedürfnisse zu haben; mein Körper weiß, was er braucht."

Negativ: "Koffein ruiniert meinen Schlaf immer."
Reframed: "Ich passe meinen Koffeingenuss an und beobachte, wie Koffein meinen Schlaf beeinflusst."

Negativ: "Ich darf keine Nickerchen machen, sonst schlafe ich nachts nicht gut."
Reframed: "Ein kurzes Nickerchen kann mir helfen, mich tagsüber frischer zu fühlen."

Negativ: "Mein Schlafzimmer muss perfekt sein, damit ich gut schlafen kann."
Reframed: "Eine angenehme Umgebung ist wichtig, aber ich kann auch in weniger idealen Bedingungen entspannen."

Negativ: "Schlaflosigkeit bedeutet, dass etwas mit mir nicht stimmt."
Reframed: "Schlafprobleme sind häufig und können viele Ursachen haben; sie definieren mich nicht."

Negativ: "Ich kann meinen Schlaf nicht kontrollieren."
Reframed: "Es gibt Techniken und Strategien, die mir helfen können, meinen Schlaf zu verbessern."

Negativ: "Wenn ich an etwas denke, das mich stresst, kann ich nicht schlafen."
Reframed: "Ich kann lernen, meine Gedanken zu beruhigen und Stress abzubauen, bevor ich ins Bett gehe."

Negativ: "Ich werde nie wieder gut schlafen können."
Reframed: "Jeder Tag bietet neue Möglichkeiten für besseren Schlaf; ich bin auf einem guten Weg und arbeite weiter daran."

Negativ: "Schlafmittel sind die einzige Lösung für meine Probleme."
Reframed: "Es gibt viele Ansätze zur Verbesserung meines Schlafs; Medikamente sind nur eine Option unter vielen."

Negativ: "Wenn ich aufwache und nicht mehr einschlafen kann, ist das frustrierend."
Reframed: "Ich kann diese Zeit nutzen, um ruhig zu bleiben oder Achtsamkeitsübungen zu machen."

Negativ: "Ich sollte keine Gedanken im Kopf haben, wenn ich schlafen will."
Reframed: "Es ist normal, Gedanken zu haben; ich kann lernen, sie sanft loszulassen."

Negativ: "Ich fühle mich schuldig für meine Schlafprobleme."
Reframed: "Schlafprobleme sind eine Herausforderung; es ist wichtig, geduldig mit mir selbst zu sein."

Negativ: "Wenn ich müde bin, bin ich weniger wertvoll oder produktiv."
Reframed: "Müdigkeit gehört zum Leben; es gibt viele Wege zur Produktivität auch in diesen Momenten."

Negativ: "Jeder schläft besser als ich."
Reframed: "Jeder hat seine eigenen Herausforderungen mit dem Schlaf; mein Weg ist einzigartig."

Negativ: "Ich habe keine Kontrolle über meinen Schlaf."
Reframed: "Es gibt viele Faktoren für guten Schlaf; ich kann viele davon beeinflussen."

Negativ: "Schlaflosigkeit macht mich unglücklich."
Reframed: "Schlaflosigkeit ist herausfordernd, aber sie gibt mir die Möglichkeit zur Selbstreflexion."

Negativ: "Ich werde nie einen gesunden Schlafrhythmus finden."
Reframed: "Es braucht Zeit und Experimentieren, um den richtigen Rhythmus für mich zu finden."

Gedankenstopp:

Die Technik des Gedankenstopps kann helfen, negative Gedankenspiralen zu unterbrechen. Wenn Sie bemerken, dass sich negative Gedanken über den Schlaf wiederholen, sagen Sie beispielsweise laut oder in Ihrem Kopf „Stopp!" und halten inne. Weitere Möglichkeiten, negative Gedanken abrupt zu beenden, wären:

- "Das ist nur ein Gedanke." – Erinnern Sie sich daran, dass Gedanken nicht die Realität sind; sie sind nur vorübergehende mentale Ereignisse.
- "Ich wähle, anders zu denken." – Ersetzen Sie den negativen Gedanken bewusst durch einen positiven oder neutralen Gedanken.
- "Was würde ich einem Freund sagen?" – Denken Sie darüber nach, was Sie einem Freund in einer ähnlichen Situation raten würden, und wenden Sie diesen Rat auf sich selbst an.
- "Ich lasse diesen Gedanken los." – Visualisieren Sie den negativen Gedanken als Ballon, den Sie loslassen und der davonfliegt.
- "Atme tief durch." – Machen Sie eine kurze Atemübung, um sich zu beruhigen und den Fokus von dem negativen Gedanken abzulenken.
- "Ich bin nicht meine Gedanken." – Wiederholen Sie für sich, dass Ihre Identität nicht von Ihren Gedanken abhängt; Sie sind mehr als das.
- "Ich kann das kontrollieren." – Erinnern Sie sich daran, dass Sie die Kontrolle über Ihre Reaktionen auf negative Gedanken haben.
- "Was ist das Schlimmste, was passieren könnte?" – Stellen Sie sich das schlimmste denkbare Szenario vor und fragen Sie sich dann: "Wie wahrscheinlich ist das wirklich?".

- "Ich werde es später durchdenken." – Sagen Sie sich, dass Sie diesen Gedanken später betrachten werden, aber jetzt nicht darauf eingehen müssen. Gegebenenfalls schreiben Sie sich den Gedanken auf, um ihn nicht zu vergessen.
- "Fokussiere dich auf das Hier und Jetzt." – Lenken Sie Ihre Aufmerksamkeit auf Ihre Umgebung oder Ihre aktuellen Aktivitäten (z.B. durch Achtsamkeit).
- "Ich bin sicher und geschützt." – Wiederholen Sie diese Affirmation, um ein Gefühl der Sicherheit zu fördern und negative Ängste zu reduzieren.
- "Ich habe schon Schlimmeres überstanden." – Denken Sie an vergangene Herausforderungen, die Sie gemeistert haben; erinnern Sie sich daran, dass auch diese Situation vorübergehen wird.
- "Was kann ich jetzt tun?" – Konzentrieren Sie sich auf konkrete Schritte oder Handlungen, die Sie unternehmen können, um die Situation sofort zu verbessern.
- "Das ist nur vorübergehend." – Erinnern Sie sich daran, dass negative Gefühle und Gedanken oft temporär sind und vorbeigehen werden.
- "Ich bin dankbar für..." – Erstellen Sie eine kurze Liste von Dingen, für die Sie dankbar sind; dies kann helfen, den Fokus von negativen Gedanken abzulenken.
- "Lass uns spielen!" – Verwandeln Sie den negativen Gedanken in etwas Lustiges oder Absurdes; dies kann helfen, seine Macht zu verringern.
- "Ich bin stark genug." – Wiederholen Sie für sich selbst diese Bestätigung; erinnern Sie sich an Ihre Stärken und Fähigkeiten.
- "Es gibt immer eine Lösung." – Denken Sie daran, dass es für beinahe jedes Problem Lösungen gibt; konzentrieren Sie sich darauf, wie Sie handeln können.
- "Ich bin nicht allein." – Erinnern Sie sich daran, dass viele Menschen ähnliche Gedanken haben; das ist normal und menschlich.

Lenken Sie Ihre Aufmerksamkeit grundsätzlich auf etwas Positives oder Entspannendes – sei es eine angenehme Erinnerung oder eine erfreuliche Erwartung.

Visualisierung:

Visualisierung ist eine kraftvolle Technik zur Förderung positiver Gedanken und zur Reduzierung von Angstzuständen. Stellen Sie sich vor dem Einschlafen ein für Sie angenehmes Setting vor und konzentrieren Sie sich auf die Details dieser Umgebung. Beispiele hierfür könnten sein:

- Ruhiger Strand: Stellen Sie sich vor, Sie liegen an einem ruhigen Strand, hören die Wellen und spüren den warmen Sand unter Ihrem Körper.
- Waldspaziergang: Visualisieren Sie einen friedlichen Spaziergang durch einen Wald, umgeben von hohen Bäumen und dem Gesang der Vögel.
- Sternenhimmel: Stellen Sie sich vor, Sie liegen auf einer Wiese und schauen in einen klaren Nachthimmel voller funkelnder Sterne.
- Schneefall: Visualisieren Sie sanften Schneefall, der leise auf den Boden fällt und alles in eine ruhige, weiße Decke hüllt.
- Blühender Garten: Denken Sie an einen wunderschönen Garten mit bunten Blumen und dem Duft von frischem Gras.
- Berggipfel: Stellen Sie sich vor, Sie stehen auf einem Berggipfel und blicken auf eine atemberaubende Landschaft; fühlen Sie die frische Luft und die Ruhe.
- Wasserfall: Visualisieren Sie einen sanften Wasserfall, dessen Wasser beruhigend plätschert und Sie entspannt.
- Gemütliches Zimmer: Denken Sie an ein gemütliches Zimmer mit einem bequemen Sessel, einem warmen Licht und einer Tasse Tee in der Hand.
- Sonnenuntergang: Stellen Sie sich einen wunderschönen Sonnenuntergang vor, bei dem die Farben des Himmels sich verändern und alles in warmes Licht tauchen.
- Schaukelnde Hängematte: Visualisieren Sie sich in einer Hängematte zwischen zwei Bäumen, während ein sanfter Wind Sie leicht hin- und herschaukelt.
- Kaminfeuer: Denken Sie an ein knisterndes Kaminfeuer, das Wärme ausstrahlt und eine beruhigende Atmosphäre schafft.
- Friedlicher See: Stellen Sie sich einen stillen See vor, dessen Oberfläche wie ein Spiegel ist; beobachten Sie die Reflexion der Umgebung.

- Wolkenreise: Visualisieren Sie sich auf einer weichen Wolke schwebend, während Sie über eine friedliche Landschaft gleiten.
- Lichtballon: Stellen Sie sich vor, dass Sie einen Ballon halten, der all Ihre Sorgen trägt; lassen Sie ihn los und beobachten Sie ihn davonfliegen.
- Sanfte Musik: Denken Sie an eine beruhigende Melodie oder Naturgeräusche (z.B. Regen), die Ihnen helfen, in einen entspannten Zustand zu gelangen.
- Zufluchtsort: Visualisieren Sie Ihren persönlichen Zufluchtsort – ein Ort, an dem Sie sich sicher und geborgen fühlen.
- Entspannende Farben: Stellen Sie sich vor, dass Sie in einem Raum sind, der mit beruhigenden Farben (z.B. Blau oder Grün) gefüllt ist; fühlen Sie die Ruhe dieser Farben.
- Schmetterlinge im Garten: Denken Sie an bunte Schmetterlinge, die sanft durch einen Garten fliegen; beobachten Sie ihre Leichtigkeit und Anmut.
- Meditative Bewegung: Visualisieren Sie langsame Bewegungen wie Tai Chi oder Yoga; fühlen Sie Ihren Körper entspannen mit jeder Bewegung.
- Positive Affirmationen visualisieren: Stellen Sie sich vor, dass positive Affirmationen (z.B. "Ich bin ruhig" oder "Ich kann gut schlafen") als Lichtstrahlen um Sie herum leuchten und sie umhüllen.

Mit dieser Methode können Sie Ihren Geist beruhigen und Vorfreude auf den Schlaf erzeugen.

Achtsamkeitstraining:

Achtsamkeitstechniken fördern das Bewusstsein für den gegenwärtigen Moment und helfen dabei, negative Gedanken loszulassen. Praktizieren Sie Achtsamkeitsmeditationen oder Atemübungen regelmäßig. Indem Sie lernen, Ihre Gedanken ohne Urteil wahrzunehmen und sie vorbeiziehen zu lassen, können Sie besser mit stressvollen Schlafgedanken umgehen (siehe auch Kapitel 4).

Verhaltensexperimente:

Führen Sie kleine Experimente durch, um Ihre negativen Annahmen über den Schlaf herauszufordern. Wenn Sie beispielsweise glauben: „Wenn ich nicht mindestens acht Stunden schlafe, kann ich nicht funktionieren", versuchen Sie bewusst eine Nacht mit weniger Schlaf und beobachten Sie die Auswirkungen am nächsten Tag. Prinzipielle Idee ist, Annahmen auf ihren reellen Gehalt hin zu überprüfen und neue Erfahrungen zu sammeln:

- Schlafprotokoll führen: Dokumentieren Sie Ihre Schlafgewohnheiten, um Muster zu erkennen und realistische Erwartungen an Ihren Schlaf zu entwickeln.
- Koffein reduzieren: Reduzieren Sie Ihren Koffeinkonsum nach einer bestimmten Uhrzeit für eine Woche und beobachten Sie, ob sich Ihr Schlaf verbessert.
- Schlafumgebung anpassen: Experimentieren Sie mit verschiedenen Lichtverhältnissen (z.B. Verdunkelungsvorhänge) oder Geräuschen (z.B. weißes Rauschen), um herauszufinden, was Ihnen am besten hilft und entspricht.
- Entspannungstechniken ausprobieren: Testen Sie verschiedene Entspannungstechniken wie progressive Muskelentspannung oder Atemübungen vor dem Schlafengehen.
- Schlafenszeit variieren: Verschieben Sie Ihre Schlafenszeit um 15-30 Minuten nach vorne oder hinten und beobachten Sie, wie sich das auf Ihr Einschlafen auswirkt.
- Nickerchen einführen oder streichen: Probieren Sie aus, ob kurze Nickerchen tagsüber Ihren Nachtschlaf verbessern oder verschlechtern.
- Bett nur zum Schlafen nutzen: Verbringen Sie Zeit im Bett nur zum Schlafen und nicht zum Arbeiten oder Fernsehen, um die Assoziation zwischen Bett und Schlaf zu stärken.
- Schlafmittel absetzen: Wenn Sie regelmäßig Schlafmittel nehmen, versuchen Sie unter Anleitung Ihres Arztes, diese schrittweise abzusetzen und beobachten Sie die Auswirkungen auf Ihren Schlaf.
- Achtsamkeitsmeditation praktizieren: Integrieren Sie Achtsamkeitsübungen in Ihre Abendroutine und beobachten Sie, ob dies Ihr Einschlafen erleichtert.

- Stressoren identifizieren: Machen Sie eine Liste von Stressoren, die Sie nachts wachhalten, und entwickeln Sie Strategien zur Bewältigung dieser Stressoren.
- Einschlafrituale entwickeln: Erstellen Sie ein individuelles Einschlafritual (z.B. Lesen, warme Dusche) und testen Sie es über mehrere Nächte hinweg.
- Schlafhygiene verbessern: Implementieren Sie gesunde Schlafgewohnheiten (z.B. regelmäßige Schlafenszeiten) und beobachten Sie deren Einfluss auf Ihren Schlaf.
- Gedankenprotokoll führen: Schreiben Sie negative Gedanken über den Schlaf auf und hinterfragen Sie diese während des Tages; testen Sie alternative Gedanken beim Einschlafen.
- Bewegung integrieren: Fügen Sie regelmäßige körperliche Aktivität in Ihren Alltag ein und beobachten Sie, wie sich dies auf Ihren Nachtschlaf auswirkt.
- Technologie reduzieren: Reduzieren Sie die Bildschirmzeit vor dem Schlafengehen für eine Woche und dokumentieren Sie Veränderungen in Ihrem Einschlafen.
- Essgewohnheiten anpassen: Experimentieren Sie mit der Art und dem Zeitpunkt Ihrer letzten Mahlzeit vor dem Schlafengehen und beobachten Sie die Auswirkungen auf Ihren Schlaf.
- Wach bleiben statt im Bett liegen: Wenn Sie nach 20 Minuten nicht einschlafen können, stehen Sie auf und machen etwas Entspanntes bis Sie müde sind; testen Sie diese Technik über mehrere Nächte hinweg.
- Positive Affirmationen verwenden: Entwickeln Sie positive Affirmationen über den Schlaf und wiederholen Sie diese regelmäßig; beobachten Sie ihre Wirkung auf Ihre Einstellung zum Schlaf.
- Soziale Unterstützung suchen: Sprechen Sie mit Freunden oder Ihrer Familie über Ihre Schlafprobleme; testen Sie den Einfluss von sozialer Unterstützung auf Ihr Wohlbefinden.
- Ziele setzen: Setzen Sie sich realistische Ziele für Ihren Schlaf (z.B. 7 Stunden pro Nacht) und überprüfen Sie einmal wöchentlich Ihre Fortschritte sowie Herausforderungen.

Selbstreflexion:

Nehmen Sie sich regelmäßig Zeit für Selbstreflexion über Ihre Fortschritte bei der Umstrukturierung Ihrer Gedanken. Notieren Sie positive Veränderungen in Ihrem Denken sowie Erfolge beim Umgang mit schlafbezogenen Ängsten.

Diese Reflexion stärkt Ihr Bewusstsein für positive Entwicklungen und motiviert dazu, weiterhin an Ihren Denkgewohnheiten zu arbeiten.

Die Anwendung dieser Strategien zur Umstrukturierung von Gedanken kann Ihnen helfen, dysfunktionale Denkmuster abzubauen und eine gesündere Beziehung zum Schlaf aufzubauen. Durch kontinuierliches Üben dieser Techniken werden positive Veränderungen im Denken gefördert und letztlich auch die Qualität Ihres Schlafs verbessert.

5.2 Verhaltensänderungen zur Verbesserung des Schlafs

Verhaltensänderungen sind ein weiterer wirksamer Bestandteil der Kognitiven Verhaltenstherapie für Insomnie (KVT-I). Durch die Implementierung spezifischer Verhaltensstrategien können Sie ihre Schlafgewohnheiten optimieren und dysfunktionale Muster durch gesunde Praktiken ersetzen. In diesem Abschnitt werden verschiedene effektive Verhaltensänderungen vorgestellt, die dazu beitragen können, den Schlaf zu verbessern.

Schlafrestriktion:

Die Schlafrestriktion ist eine Technik, bei der die Zeit im Bett auf die tatsächliche Schlafdauer begrenzt wird. Ziel ist es, die Effizienz des Schlafs zu erhöhen.

Beginnen Sie damit, Ihre durchschnittliche Schlafdauer über mehrere Nächte zu ermitteln:

Schritt 1: Zeitraum festlegen

Wählen Sie einen Zeitraum aus, über den Sie Ihre Schlafdauer erfassen möchten. Ein Zeitraum von mindestens einer Woche wird empfohlen, um ein genaues Bild zu erhalten.

Schritt 2: Schlafprotokoll führen

Führen Sie ein Schlafprotokoll, in dem Sie jeden Abend notieren:
- Wann Sie ins Bett gehen: Die Uhrzeit, zu der Sie sich schlafen legen.
- Wann Sie einschlafen: Die geschätzte Uhrzeit, zu der Sie tatsächlich einschlafen.
- Wann Sie aufwachen: Die Uhrzeit, zu der Sie morgens aufstehen.
- Nachtunterbrechungen: Notieren Sie, ob und wie oft Sie während der Nacht aufwachen und wie lange diese Unterbrechungen dauern.

Schritt 3: Daten sammeln

Wiederholen Sie diesen Prozess für jeden Tag des festgelegten Zeitraums. Achten Sie darauf, so genau wie möglich zu sein.

Schritt 4: Schlafdauer berechnen

Berechnen Sie die Schlafdauer für jede Nacht; berücksichtigen Sie auch die Zeit, die Sie möglicherweise wachgelegen haben, bevor Sie eingeschlafen sind.

Schritt 5: Durchschnittliche Schlafdauer ermitteln

- Addieren Sie die Schlafdauern aller Nächte im gewählten Zeitraum.
- Teilen Sie die Gesamtschlafdauer durch die Anzahl der Nächte, um die durchschnittliche Schlafdauer pro Nacht zu berechnen.

Reduzieren Sie dann die Zeit die Sie im Bett verbringen auf die tatsächliche durchschnittliche Schlafzeit; damit stellen Sie sicher, dass Sie nur dann im Bett sind, wenn Sie tatsächlich schlafen möchten.

Diese Methode kann anfangs zu einer gewissen Müdigkeit führen, aber sie hilft dabei, den Körper darauf zu konditionieren, schneller einzuschlafen und weniger Zeit wach im Bett zu verbringen.

Stimulus-Kontrolle:

Stimulus-Kontrolle zielt darauf ab, eine positive Assoziation zwischen dem Schlafzimmer und dem Schlaf herzustellen. Dazu gehören folgende Schritte:

- Gehen Sie nur ins Bett, wenn Sie müde sind.
- Verwenden Sie das Bett ausschließlich zum Schlafen und für sexuelle Aktivitäten und vermeiden Sie Arbeiten oder das Ansehen von Fernsehsendungen im Bett.
- Wenn Sie nicht innerhalb von 20 Minuten einschlafen können, stehen Sie auf und machen etwas Entspannendes in einem anderen Raum, bis Sie wieder müde sind.

Regelmäßiger Schlaf-Wach-Rhythmus:

Ein konsistenter Schlaf-Wach-Rhythmus ist entscheidend für einen gesunden Schlaf. Versuchen Sie, jeden Tag zur gleichen Zeit ins Bett zu gehen und aufzustehen – auch an Wochenenden. Diese Regelmäßigkeit hilft dabei, die innere Uhr Ihres Körpers zu stabilisieren und das Einschlafen sowie das Aufwachen zu erleichtern.

Optimierung der Schlafumgebung (siehe auch Kapitel 4, „Schlafhygiene"):
Eine schlaffreundliche Umgebung kann erheblich zur Verbesserung der Schlafqualität beitragen. Achten Sie auf folgende Aspekte:
-   Halten Sie Ihr Schlafzimmer dunkel, ruhig und kühl.
-   Investieren Sie in eine bequeme Matratze und Kissen.
-   Reduzieren Sie Störungen durch Lärmquellen mittels Ohrstöpsel, Kopfhörer mit Noise-Canceling-Technik oder maskierende Geräusche.

Einschränkung von Stimulanzien:

Der Konsum von Koffein und Nikotin kann den Schlaf erheblich beeinträchtigen. Versuchen Sie daher, diese Substanzen insbesondere am Nachmittag und Abend zu vermeiden. Auch Alkohol sollte mit Vorsicht genossen werden; obwohl er zunächst beruhigend wirken kann, stört er oft den späteren Verlauf des Schlafs.

Bewegung:

Regelmäßige körperliche Aktivität hat zahlreiche Vorteile für den Schlaf. Versuchen Sie, mindestens 30 Minuten pro Tag aktiv zu sein – idealerweise in Form von moderatem Ausdauertraining wie entspanntes Gehen oder Radfahren. Achten Sie zugleich darauf, intensive Übungen kurz vor dem Zubettgehen zu vermeiden, da dies den Körper stimulieren kann.

6. LEBENSSTILÄNDERUNGEN ZUR FÖRDERUNG DES SCHLAFS

Ein gesunder Lebensstil spielt eine entscheidende Rolle für die Qualität unseres Schlafs und unser allgemeines Wohlbefinden. In diesem Abschnitt werden wir uns mit verschiedenen Lebensstiländerungen befassen, die darauf abzielen, den Schlaf zu fördern und Schlafstörungen zu reduzieren. Oft sind es kleine Anpassungen im Alltag, die langfristig einen großen Unterschied machen können.

6.1 Ernährung und Schlafqualität

Die Ernährung hat einen erheblichen Einfluss auf unsere Schlafqualität. Bestimmte Nahrungsmittel können dazu beitragen, den Schlaf zu fördern, während andere ihn stören können.

Nahrungsmittel, die den Schlaf fördern:

Komplexe Kohlenhydrate:

Lebensmittel wie Vollkornprodukte, Haferflocken und Quinoa enthalten komplexe Kohlenhydrate, die den Serotoninspiegel im Gehirn erhöhen können. Serotonin ist ein Vorläufer des Schlafhormons Melatonin und kann somit das Einschlafen erleichtern.

Magnesiumreiche Lebensmittel:

Magnesium spielt eine wichtige Rolle bei der Regulierung des Schlafs. Nahrungsmittel wie Mandeln, Spinat, Avocados und Bananen sind reich an Magnesium und können helfen, die Entspannung zu fördern und Muskelverspannungen abzubauen.

Tryptophanreiche Lebensmittel:

Tryptophan ist eine Aminosäure, die der Körper zur Produktion von Serotonin und Melatonin benötigt. Lebensmittel wie Putenfleisch, Hühnerbrust, Fisch (z.B. Lachs), Eier und Milchprodukte sind gute Quellen für Tryptophan.

Beeren und Kirschen:

Beeren (wie Erdbeeren und Himbeeren) sowie Kirschen sind reich an Antioxidantien und enthalten Melatonin in natürlichen Formen. Der Verzehr dieser Früchte kann dazu beitragen, den Melatoninspiegel im Körper zu erhöhen.

Kräutertees:

Beruhigende Kräutertees wie Kamille oder Baldrian haben entspannende Eigenschaften und können helfen, den Geist zu beruhigen und das Einschlafen zu erleichtern.

Nahrungsmittel, die den Schlaf stören:

Koffein:

Koffein ist ein bekanntes Stimulans, das in Kaffee, Tee, Schokolade und vielen Softdrinks vorkommt. Der Konsum von koffeinhaltigen Getränken am Nachmittag oder Abend kann das Einschlafen erheblich erschweren und die Schlafqualität beeinträchtigen.

Alkohol:

Obwohl Alkohol zunächst beruhigend wirken kann, stört er oft den REM-Schlaf und führt zu häufigem Aufwachen in der Nacht. Es ist ratsam, den Alkoholkonsum insbesondere in den Stunden vor dem Zubettgehen zu reduzieren.

Schwere Mahlzeiten:

Große oder fettige Mahlzeiten kurz vor dem Schlafengehen können Verdauungsprobleme verursachen und das Einschlafen erschweren. Es wird empfohlen, mindestens zwei bis drei Stunden vor dem Zubettgehen keine schweren Mahlzeiten mehr einzunehmen.

Zuckerhaltige Snacks:

Zuckerreiche Lebensmittel können zu einem Anstieg des Blutzuckerspiegels führen, gefolgt von einem schnellen Abfall; diese Schwankungen können das Einschlafen erschweren.

Scharfe Speisen:

Scharfe oder stark gewürzte Speisen können Sodbrennen oder Magenbeschwerden hervorrufen und aktivierend wirken, was ebenfalls den Schlaf negativ beeinflussen kann.

Hydration:

Eine ausreichende Flüssigkeitszufuhr ist wichtig, jedoch sollte der Konsum von Flüssigkeiten kurz vor dem Schlafengehen eingeschränkt werden, um nächtliche Toilettengänge zu vermeiden. Trinken Sie tagsüber ausreichend Wasser und reduzieren Sie die Flüssigkeitsaufnahme in den Stunden vor dem Zubettgehen.

6.2 Bewegung und körperliche Aktivität

Bewegung und körperliche Aktivität sind entscheidende Faktoren für die Verbesserung der Schlafqualität und das allgemeine Wohlbefinden. Regelmäßige körperliche Betätigung fördert jedoch nicht nur die körperliche Gesundheit, sondern hat auch einen positiven Einfluss auf den Schlaf. In diesem Abschnitt werden wir die verschiedenen Aspekte beleuchten, wie Bewegung zu einem besseren Schlaf beitragen kann.

Regulierung des Schlaf-Wach-Rhythmus:

Körperliche Aktivität hilft, den natürlichen circadianen Rhythmus des Körpers zu regulieren. Durch regelmäßige Bewegung wird der Körper darauf trainiert, zu bestimmten Zeiten müde zu werden und einzuschlafen, was die Einschlafzeit verkürzen kann.

Insbesondere Aktivitäten im Freien, wie Joggen oder Radfahren, können durch das Tageslicht dazu beitragen, den biologischen Rhythmus zu stabilisieren.

Stressabbau und Entspannung:

Bewegung ist ein effektives Mittel zur Stressbewältigung. Sport setzt Endorphine frei, die als natürliche Stimmungsaufheller wirken und helfen können, Angstzustände und Stress abzubauen.

Weniger Stress führt oft zu einer besseren Schlafqualität, da sich der Körper in einem entspannteren Zustand befindet und leichter zur Ruhe kommt.

Verbesserung der Schlafarchitektur:

Regelmäßige körperliche Aktivität kann die verschiedenen Phasen des Schlafs positiv beeinflussen, insbesondere den REM-Schlaf (Rapid Eye Movement) und den tiefen Schlaf. Diese Phasen sind entscheidend für die Erholung des Körpers und das Gedächtnis.

Menschen, die regelmäßig Sport treiben, berichten häufig von einer höheren Gesamtzufriedenheit mit ihrem Schlaf.

Reduzierung von Schlafstörungen:

Menschen mit chronischen Schlafstörungen profitieren von regelmäßiger Bewegung. Sport kann helfen, Symptome von Insomnie zu lindern und die allgemeine Schlafqualität zu verbessern.

Besonders Ausdauersportarten wie Laufen, Schwimmen oder Radfahren haben sich als effektiv erwiesen.

Optimale Zeit für Bewegung:

Die Zeit der körperlichen Aktivität spielt eine wichtige Rolle für den Schlaf. Kurzfristig kann intensives Training zu einem Anstieg des Cortisolspiegels führen, da der Körper auf die körperliche Belastung reagiert. In der Regel sollten intensive Workouts daher eher im Laufe des Tages stattfinden und am Abend vermieden werden, da dies den Körper stimulieren kann. Moderate Aktivitäten wie Yoga oder Dehnübungen am Abend können jedoch entspannend wirken und den Übergang zum Schlaf erleichtern.

Individuelle Anpassung:

Da jeder Mensch unterschiedlich auf Bewegung reagiert, lohn es sich, mit Art, Umfang und Zeit zu experimentieren. Finden Sie heraus, welche Art von körperlicher Aktivität Ihnen Freude bereitet und welches Setting für Sie am besten geeignet ist.

7. TECHNIKEN ZUR SCHLAFFÖRDERUNG IM ALLTAG

In diesem Kapitel werden wir verschiedene bewährte Methoden und Strategien vorstellen, die Ihnen helfen können, Ihre Schlafqualität nachhaltig zu verbessern. Diese Techniken sind nicht nur einfach umzusetzen, sondern auch darauf ausgelegt, in Ihren täglichen Rhythmus integriert zu werden.

7.1 Schlafrituale

7.1.1 Funktion von Abendritualen

Schlafrituale spielen eine entscheidende Rolle bei der Förderung eines gesunden Schlafs und der Verbesserung der Schlafqualität. Sie sind strukturierte Abläufe, die vor dem Zubettgehen durchgeführt werden und dazu beitragen, den Körper und Geist auf den Schlaf vorzubereiten. Die Bedeutung von Ritualen für den Schlaf lässt sich in mehreren Aspekten zusammenfassen:

Signalwirkung für den Körper:

Rituale senden klare Signale an unseren Körper, dass es Zeit ist, sich zu entspannen und zur Ruhe zu kommen. Durch wiederholte Handlungen, wie das Lesen eines Buches, das Trinken einer Tasse Kräutertee oder das Praktizieren von Atemübungen, wird der Körper darauf trainiert, diese Aktivitäten mit dem bevorstehenden Schlaf zu assoziieren. Dies kann helfen, die Produktion von Melatonin – dem Hormon, das den Schlaf reguliert – zu fördern.

Stressreduktion:

Ein festgelegtes Ritual kann helfen, Stress abzubauen und einen Zustand der Entspannung herzustellen. Indem Sie sich bewusst Zeit nehmen, um sich auf den Schlaf vorzubereiten, können Sie den hektischen Gedanken des Tages entfliehen und einen mentalen Raum schaffen, der Ruhe und Gelassenheit fördert. Rituale bieten eine wertvolle Gelegenheit zur Selbstfürsorge und zum Abschalten.

Konsistenz und Routine:

Regelmäßige Schlafrituale tragen zur Etablierung einer stabilen Schlafroutine bei. Wenn Sie jeden Abend zur gleichen Zeit ins Bett gehen und ähnliche Rituale durchführen, gewöhnt sich Ihr Körper an diesen Rhythmus. Eine konsistente Routine kann dazu beitragen, die innere Uhr zu regulieren und die Einschlafzeit zu verkürzen.

Individuelle Anpassung:

Jeder Mensch hat unterschiedliche Bedürfnisse und Vorlieben, wenn es um den Schlaf geht. Die Entwicklung persönlicher Schlafrituale ermöglicht es Ihnen, individuelle Strategien zu finden, die am besten zu Ihrem Lebensstil passen. Ob es sich um sanfte Dehnübungen, Meditation oder das Hören beruhigender Musik handelt – maßgeschneiderte Rituale können Ihre persönliche Entspannung fördern.

Förderung der Achtsamkeit:

Schlafrituale bieten auch eine Gelegenheit zur Achtsamkeit und Selbstreflexion. Indem Sie sich bewusst auf Ihre Atmung konzentrieren oder Gedanken des Tages loslassen, können Sie eine tiefere Verbindung zu Ihrem inneren Selbst herstellen und negative Gedankenmuster durchbrechen.

7.1.1 Beispiele für effektive Abendrituale

Hier sind einige Beispiele für effektive Abendrituale, die Sie in Ihre Routine integrieren können, um den Übergang in die Nachtruhe zu erleichtern und eine entspannende Atmosphäre zu schaffen:

Entspannendes Bad oder Dusche:

Ein warmes Bad oder eine entspannende Dusche kann helfen, Verspannungen im Körper zu lösen und den Geist zu beruhigen. Fügen Sie beruhigende ätherische Öle wie Lavendel oder Kamille hinzu, um die entspannende Wirkung zu verstärken.

Lesen eines Buches:

Das Lesen eines physischen Buches (statt auf Bildschirme zu schauen) kann eine hervorragende Möglichkeit sein, den Geist abzuschalten und sich auf den Schlaf vorzubereiten. Wählen Sie leichte Lektüre oder inspirierende Geschichten, um Stress abzubauen.

Meditation oder Achtsamkeitsübungen:

Kurze Meditations- oder Achtsamkeitssitzungen vor dem Schlafengehen können helfen, den Geist zu klären und innere Ruhe zu finden. Nutzen Sie geführte Meditationen oder Atemübungen, um sich auf den Moment zu konzentrieren und Gedanken des Tages loszulassen.

Sanfte Dehnübungen oder Yoga:

Leichte Dehnübungen oder sanftes Yoga können helfen, Verspannungen abzubauen und den Körper auf den Schlaf vorzubereiten. Konzentrieren Sie sich auf langsame Bewegungen und tiefes Atmen, um Entspannung zu fördern.

Schreiben eines Dankbarkeitstagebuchs:

Nehmen Sie sich einige Minuten Zeit, um über die positiven Ereignisse des Tages nachzudenken und diese aufzuschreiben. Das Führen eines Dankbarkeitstagebuchs kann helfen, negative Gedankenmuster zu durchbrechen und ein Gefühl der Zufriedenheit zu fördern.

Beruhigende Musik hören:

Das Hören von sanfter Musik oder Naturgeräuschen kann eine entspannende Atmosphäre schaffen und Ihnen helfen, zur Ruhe zu kommen. Erstellen Sie eine Playlist mit Ihren Lieblingsmelodien, die Ihnen ein Gefühl von Frieden vermitteln.

Kräutertees zur Beruhigung:

Kräutertees – wie Kamille, Baldrian oder Melisse – können beruhigend wirken und das Einschlafen erleichtern. Vermeiden Sie koffeinhaltige Getränke am Abend, um Ihren Körper nicht unnötig anzuregen.

Bildschirmzeit reduzieren:

Reduzieren Sie die Nutzung von elektronischen Geräten mindestens eine Stunde vor dem Schlafengehen. Das blaue Licht von Bildschirmen kann die Melatoninproduktion stören und das Einschlafen erschweren.

Aromatherapie anwenden:

Nutzen Sie ätherische Öle in einem Diffusor oder Verdampfer, um eine beruhigende Umgebung zu schaffen. Düfte wie Lavendel, Bergamotte oder Sandelholz sind bekannt dafür, entspannend zu wirken.

Festgelegte Schlafenszeit:

Setzen Sie sich eine feste Zeit zum Zubettgehen und halten Sie sich an diese Regel auch an Wochenenden. Eine konsistente Schlafenszeit hilft Ihrem Körper dabei, einen natürlichen Rhythmus zu entwickeln.

Indem Sie Elemente dieser Abendrituale in Ihre tägliche Routine integrieren, können Sie nicht nur Ihre Einschlafgewohnheiten verbessern, sondern auch ein Gefühl der Entspannung und Sicherheit schaffen – beides entscheidend für einen erholsamen Schlaf. Experimentieren Sie mit verschiedenen Ritualen und passen Sie diese an Ihre persönlichen Vorlieben an, um herauszufinden, was für Sie am besten funktioniert.

7.2 Umgang mit nächtlichem Aufwachen

Nächtliches Aufwachen ist für viele Menschen ein quälendes Problem, das den Schlafzyklus stören und zu einem Gefühl der Müdigkeit am nächsten Tag führen kann. Wirksame Strategien helfen, mit diesen Unterbrechungen umzugehen und die Auswirkungen auf die Schlafqualität zu minimieren. In diesem Abschnitt werden verschiedene Techniken vorgestellt, die Ihnen helfen können, besser mit nächtlichem Aufwachen umzugehen.

Ruhe bewahren:

Wenn Sie mitten in der Nacht aufwachen, ist es entscheidend, ruhig zu bleiben und nicht in Panik zu geraten. Versuchen Sie, sich daran zu erinnern, dass gelegentliches Aufwachen normal ist und nicht zwangsläufig bedeutet, dass Sie den Rest der Nacht wach bleiben müssen. Atmen Sie tief durch und geben Sie sich selbst die Erlaubnis, wieder einzuschlafen.

Entspannungstechniken anwenden:

Nutzen Sie Entspannungstechniken wie tiefe Atemübungen oder progressive Muskelentspannung, um Ihren Körper und Geist wieder zur Ruhe zu bringen. Konzentrieren Sie sich auf langsame, tiefe Atemzüge und lassen Sie alle Anspannung los. Diese Techniken können helfen, den Geist zu beruhigen und das Einschlafen zu erleichtern.

Vermeidung von Bildschirmzeit:

Vermeiden Sie es, Ihr Handy oder andere elektronische Geräte zu benutzen, wenn Sie nachts aufwachen. Das Licht von Bildschirmen kann die Melatoninproduktion stören und es schwieriger machen, wieder einzuschlafen.

Angemessene Umgebung schaffen:

Stellen Sie sicher, dass Ihre Schlafumgebung förderlich für einen erholsamen Schlaf ist. Achten Sie darauf, dass Ihr Schlafzimmer dunkel, kühl und ruhig ist.

Wenn Lärm oder Lichtquellen stören, verwenden Sie Hilfsmittel, um den Lärm zu reduzieren bzw. auszublenden sowie ggf. eine Augenmaske.

Gedanken notieren:

Wenn Ihnen Gedanken oder Sorgen durch den Kopf gehen, die Sie am Einschlafen hindern könnten, halten Sie ein Notizbuch neben Ihrem Bett bereit. Schreiben Sie Ihre Gedanken auf – dies kann helfen, den Kopf freizubekommen und das Gefühl der Überwältigung zu reduzieren.

Regelmäßige Schlafenszeiten:

Ein fester Schlafrhythmus kann dazu beitragen, nächtliches Aufwachen zu reduzieren. Gehen Sie jeden Abend zur gleichen Zeit ins Bett und stehen Sie zur gleichen Zeit auf – auch an Wochenenden – um Ihren natürlichen Schlaf-Wach-Rhythmus zu stabilisieren.

Körperliche Aktivität tagsüber:

Regelmäßige körperliche Aktivität während des Tages kann dazu beitragen, die Schlafqualität zu verbessern und nächtliches Aufwachen zu reduzieren. Achten Sie jedoch darauf, intensive Übungen kurz vor dem Schlafengehen zu vermeiden, da diese stimulierend wirken können.

Ernährung beachten:

Achten Sie darauf, was und wann Sie essen. Vermeiden Sie schwere Mahlzeiten kurz vor dem Zubettgehen sowie koffeinhaltige Getränke am Nachmittag und Abend. Leichte Snacks wie eine Banane oder eine Handvoll Nüsse können hingegen hilfreich sein.

Professionelle Hilfe in Anspruch nehmen:

Wenn nächtliches Aufwachen regelmäßig auftritt und Ihre Lebensqualität beeinträchtigt, sollten Sie in Erwägung ziehen, professionelle Hilfe in Anspruch zu nehmen. Ein Arzt oder Psychologe kann Ihnen helfen herauszufinden, ob zugrunde liegende Probleme wie Angstzustände oder Schlafapnoe vorliegen.

7.3 Strategien zum Umgang mit Einschlafschwierigkeiten

Einschlafschwierigkeiten werden von den Betroffenen häufig als quälend empfunden. Es gibt verschiedene Strategien, die Ihnen helfen können, besser einzuschlafen und eine entspannende Schlafumgebung zu schaffen. In diesem Abschnitt werden einige bewährte Methoden vorgestellt, um mit Einschlafschwierigkeiten umzugehen.

Regelmäßige Schlafenszeiten:

Ein fester Schlafrhythmus ist entscheidend für einen gesunden Schlaf. Gehen Sie jeden Abend zur gleichen Zeit ins Bett und stehen Sie zur gleichen Zeit auf, auch an Wochenenden. Diese Konsistenz hilft Ihrem Körper, einen natürlichen Rhythmus zu entwickeln und erleichtert das Einschlafen.

Entspannungstechniken:

Nutzen Sie Entspannungstechniken wie Meditation, progressive Muskelentspannung oder Atemübungen, um Ihren Geist und Körper vor dem Schlafengehen zu beruhigen. Diese Praktiken können helfen, Stress abzubauen und den Übergang in den Schlaf zu erleichtern.

Angenehme Schlafumgebung:

Gestalten Sie Ihr Schlafzimmer so, dass es eine ruhige und entspannende Atmosphäre bietet. Achten Sie auf eine angenehme Raumtemperatur, Dunkelheit und Geräuschreduzierung. Investieren Sie in eine bequeme Matratze und Kissen, die Ihren individuellen Bedürfnissen entsprechen.

Bildschirmzeit reduzieren:

Vermeiden Sie die Nutzung von elektronischen Geräten wie Smartphones, Tablets oder Fernsehern mindestens eine Stunde vor dem Zubettgehen. Das blaue Licht der Bildschirme dieser Geräte kann die Melatoninproduktion stören und das Einschlafen erschweren.

Vorbereitende Rituale:

Entwickeln Sie ein persönliches Abendritual, das Ihnen signalisiert, dass es Zeit ist, sich auf den Schlaf vorzubereiten. Dies könnte das Lesen eines Buches, das Hören beruhigender Musik oder das Trinken einer Tasse Kräutertee umfassen.

Gedankenmanagement:

Wenn Ihnen Gedanken durch den Kopf gehen und Sie daran hindern, einzuschlafen, versuchen Sie es mit einem „Gedankenstopp". Stellen Sie sich vor, dass Sie Ihre Gedanken auf eine Wolke legen und sie sanft davonziehen lassen. Alternativ können Sie auch ein Notizbuch neben Ihrem Bett haben, um Ihre Gedanken aufzuschreiben.

Vermeidung von Stimulanzien:

Achten Sie darauf, koffeinhaltige Getränke (wie Kaffee oder Cola) am Nachmittag und Abend zu vermeiden sowie Nikotin und Alkohol in Maßen zu konsumieren. Diese Substanzen können den Schlaf negativ beeinflussen und das Einschlafen erschweren.

Leichte körperliche Aktivität:

Regelmäßige Bewegung während des Tages kann dazu beitragen, die allgemeine Schlafqualität zu verbessern. Achten Sie jedoch darauf, intensive körperliche Aktivitäten kurz vor dem Zubettgehen zu vermeiden; leichte Dehnübungen oder Spaziergänge am Abend sind hingegen förderlich.

Ernährung beachten:

Achten Sie auf Ihre Essgewohnheiten am Abend. Vermeiden Sie schwere Mahlzeiten kurz vor dem Schlafengehen sowie große Mengen Flüssigkeit, um nächtliches Aufwachen durch Harndrang zu minimieren.

Professionelle Unterstützung suchen:

Wenn Einschlafschwierigkeiten über einen längeren Zeitraum bestehen bleiben und Ihre Lebensqualität beeinträchtigen, ziehen Sie in Betracht, professionelle Hilfe in Anspruch zu nehmen. Ein Arzt oder Psychologe kann Ihnen helfen herauszufinden, ob zugrunde liegende Probleme wie Angstzustände oder andere Schlafstörungen vorliegen.

7.3 Zwei-Wochen-Schlafprotokoll

Das Hauptziel des Schlafprotokolls besteht darin, Muster in Ihrem Schlafverhalten zu identifizieren, die möglicherweise zu Ihren Schlafstörungen beitragen. Durch die systematische Aufzeichnung von Informationen über Ihre Schlafgewohnheiten können Sie herausfinden, welche Faktoren Ihren Schlaf positiv oder negativ beeinflussen.

Um das Zwei-Wochen-Schlafprotokoll effektiv zu nutzen, sollten Sie eine strukturierte und konsistente Methode zur Dokumentation Ihres Schlafverhaltens verwenden. In diesem Abschnitt finden Sie eine Schritt-für-Schritt-Anleitung, die Ihnen hilft, Ihr Schlafprotokoll präzise und umfassend zu führen.

7.3.1 Schritt-für-Schritt-Anleitung

1. Vorbereitung:

Wählen Sie ein Format: Entscheiden Sie sich für ein Format, das für Sie am besten geeignet ist – entweder ein handschriftliches Notizbuch oder eine digitale App/Software, die speziell für die Schlafdokumentation entwickelt wurde.

Erstellen Sie eine Vorlage: Gestalten Sie eine einfache Tabelle oder Liste mit den folgenden Kategorien, die Sie täglich ausfüllen werden:

- Datum
- Uhrzeit ins Bett gehen
- Uhrzeit aufstehen
- Einschlafdauer (in Minuten)
- Anzahl der nächtlichen Aufwachphasen
- Subjektive Schlafqualität (Skala von 1 bis 10)
- Nickerchen (ja/nein; Dauer)
- Aktivitäten vor dem Schlafengehen
- Emotionale Befindlichkeit
- Umgebungsfaktoren (Lärm, Licht, Temperatur)

2. Tägliche Dokumentation:

Führen Sie das Protokoll jeden Tag: Nehmen Sie sich jeden Morgen einige Minuten Zeit, um die Informationen des vorherigen Tages in Ihr Protokoll einzutragen. Dies stellt sicher, dass Ihre Daten frisch und genau sind.

Seien Sie ehrlich und genau: Notieren Sie Ihre tatsächlichen Erfahrungen ohne Verzerrungen oder Schönfärbungen. Ehrliche Einträge sind entscheidend für die Wirksamkeit des Protokolls.

3. Spezifische Angaben:

Schlafzeiten: Geben Sie die genaue Uhrzeit an, zu der Sie ins Bett gehen und aufstehen. Achten Sie darauf, auch eventuelle Unterbrechungen während der Nacht festzuhalten.

Einschlafdauer: Schätzen Sie die Zeit vom Zubettgehen bis zum Einschlafen. Alternativ können Sie mit einer geeigneten Smartwatch Ihren Schlaf aufzeichnen.

Subjektive Schlafqualität: Bewerten Sie Ihren Schlaf am Morgen nach dem Aufwachen auf einer Skala von 1 bis 10, wobei 1 sehr schlecht und 10 ausgezeichnet bedeutet.

Nickerchen: Notieren Sie alle Nickerchen während des Tages sowie deren Dauer und Zeitpunkt.

4. Reflexion am Ende der Woche:

Am Ende jeder Woche sollten Sie sich Zeit nehmen, um Ihr Protokoll durchzugehen und erste Muster oder Auffälligkeiten zu erkennen.

Fragen wie „An welchen Tagen habe ich besser geschlafen?" oder „Gab es bestimmte Aktivitäten, die meinen Schlaf negativ beeinflusst haben?" können Ihnen helfen, wertvolle Erkenntnisse zu gewinnen.

5. Fortlaufende Anpassungen:

Basierend auf Ihren Beobachtungen können Sie beginnen, gezielte Änderungen in Ihrer Abendroutine vorzunehmen oder bestimmte Verhaltensweisen anzupassen.

Halten Sie diese Änderungen ebenfalls im Protokoll fest und beobachten Sie deren Auswirkungen auf Ihren Schlaf.

6. Abschluss des Protokolls:

Nach zwei Wochen sollten Sie Ihr gesamtes Protokoll auswerten und nach wiederkehrenden Mustern suchen.

Überlegen Sie sich Strategien zur Verbesserung Ihrer Schlafgewohnheiten basierend auf den gesammelten Daten.

7.3.2 Auswertung und Anpassung der Strategien

Nachdem Sie Ihr Zwei-Wochen-Schlafprotokoll geführt haben, ist es an der Zeit, die gesammelten Daten zu analysieren und gezielte Veränderungen vorzunehmen.

1. Analyse der gesammelten Daten

Beginnen Sie mit einer gründlichen Durchsicht Ihres Schlafprotokolls. Achten Sie dabei auf folgende Aspekte:

Schlafmuster: Identifizieren Sie Muster in Ihren Schlafzeiten, Einschlafdauern und der subjektiven Schlafqualität. Gibt es bestimmte Tage, an denen Sie besser oder schlechter schlafen?

Einflussfaktoren: Überprüfen Sie, welche Aktivitäten oder Gewohnheiten vor dem Schlafengehen mit einer besseren oder schlechteren Schlafqualität korrelieren. Achten Sie besonders auf den Konsum von Koffein, Alkohol oder Bildschirmzeit.

Emotionale Befindlichkeit: Analysieren Sie, wie Ihre Stimmung und emotionale Verfassung Ihren Schlaf beeinflussen. Gab es Tage mit erhöhtem Stress oder Sorgen, die sich negativ auf Ihren Schlaf ausgewirkt haben?

Umgebungsbedingungen: Berücksichtigen Sie auch äußere Faktoren wie Lärm, Lichtverhältnisse und Temperatur im Schlafzimmer. Welche Bedingungen scheinen Ihren Schlaf zu fördern oder zu stören?

2. Identifikation von Verbesserungsmöglichkeiten

Basierend auf Ihrer Analyse sollten Sie spezifische Bereiche identifizieren, in denen Verbesserungen möglich sind:

Anpassung der Abendroutine: Überlegen Sie, ob Änderungen in Ihrer Abendroutine sinnvoll sind. Möglicherweise möchten Sie entspannende Aktivitäten wie Lesen oder Meditation einführen und stimulierende Tätigkeiten wie das Nutzen von Bildschirmen reduzieren.

Optimierung des Schlafumfelds: Wenn Umgebungsfaktoren einen negativen Einfluss auf Ihren Schlaf haben, denken Sie darüber nach, Ihr Schlafzimmer anzupassen – beispielsweise durch Verdunkelungsvorhänge, eine angenehme Raumtemperatur oder das Minimieren von Lärmquellen.

Regulierung des Lebensstils: Überprüfen Sie Ihre täglichen Gewohnheiten hinsichtlich Ernährung, Bewegung und Stressmanagement. Kleine Änderungen können oft große Auswirkungen auf die Schlafqualität haben.

3. Umsetzung von Veränderungen

Nachdem Sie Verbesserungsmöglichkeiten identifiziert haben, können diese in der Praxis umgesetzt werden:

Setzen Sie realistische Ziele: Beginnen Sie mit kleinen, erreichbaren Zielen anstatt sofort umfassende Änderungen vorzunehmen. Zum Beispiel könnten Sie zunächst versuchen, eine Stunde früher ins Bett zu gehen oder eine neue Entspannungstechnik auszuprobieren.

Dokumentation der Veränderungen: Führen Sie weiterhin Ihr Schlafprotokoll während der Umsetzungsphase. Notieren Sie alle Änderungen sowie deren Auswirkungen auf Ihren Schlaf.

Haben Sie Geduld: Geben Sie sich Zeit, um die Auswirkungen Ihrer Anpassungen zu beobachten. Es kann einige Wochen dauern, bis sich signifikante Veränderungen in Ihrer Schlafqualität zeigen.

4. Regelmäßige Neubewertung

Zur Optimierung der angewandten Strategien sollten diese regelmäßig zu überprüft und angepasst werden:

Wöchentliche Reflexion: Nehmen Sie sich einmal pro Woche Zeit für eine kurze Reflexion über Ihre Fortschritte und Herausforderungen. Was hat gut funktioniert? Wo gibt es noch Schwierigkeiten?

Anpassungen vornehmen: Seien Sie bereit, Ihre Strategien anzupassen, wenn bestimmte Maßnahmen nicht den gewünschten Effekt zeigen. Kleine Veränderungen können an dieser Stelle entscheidend für den Erfolg sein. Und: setzten Sie sich nicht unter Druck!

5. Professionelle Unterstützung in Betracht ziehen

Wenn trotz aller Bemühungen keine signifikanten Verbesserungen eintreten oder wenn Ihre Schlafstörungen schwerwiegender Natur sind (z.B. bei Verdacht auf eine schlafbezogene Atemstörung), sollten Sie professionelle Hilfe in Anspruch nehmen. Ein Arzt oder Psychologe kann Ihnen helfen, tiefere Ursachen für Ihre Schlafprobleme zu identifizieren und geeignete Behandlungsmöglichkeiten vorzuschlagen.

Die Erkenntnisse und Techniken, die in diesem Buch vorgestellt wurden, erfordern ein hohes Maß an persönlichem Engagement. Möglicherweise geliebte Gewohnheiten müssen durchbrochen, zusätzliche Zeit im hektischen Alltag geschaffen und Geduld ausgebracht werden. Und obwohl Sie wissen, dass sich der Aufwand mittel- und langfristig lohnt, erfordert dieser Weg täglich zunächst immer wieder persönliche Kraft und Überwindung.

Bert Hellinger formulierte es so: „Leiden ist leichter als lösen". Das Zitat deutet darauf hin, dass es oft einfacher erscheint, in einem Zustand des Leidens zu verharren als den herausfordernden Prozess der Lösung und Heilung anzunehmen. Es fordert dazu auf, sich bewusst mit den eigenen Herausforderungen auseinanderzusetzen und aktiv nach Lösungen zu suchen.

Folgende Mechanismen können im Zuge Ihrer geplanten Veränderungen Herausforderungen darstellen:

Gewohnheit des Leidens: Menschen neigen oft dazu, in ihren gewohnten Mustern zu verharren, auch wenn diese schmerzhaft sind. Leiden kann eine Art von Vertrautheit bieten, während das Lösen von Problemen oft mit Unsicherheit und Veränderung verbunden ist. Es erfordert Mut und die Bereitschaft, sich mit unangenehmen Gefühlen oder Konflikten auseinanderzusetzen.

Vermeidung von Verantwortung: Manchmal ist es einfacher, in einem Zustand des Leidens zu bleiben, als aktiv an Lösungen zu arbeiten. Das bedeutet, dass Menschen möglicherweise nicht bereit sind, die Verantwortung für ihre Situation zu übernehmen oder die notwendigen Schritte zur Veränderung zu unternehmen.

Angst vor Veränderung: Veränderungen können beängstigend sein, selbst wenn sie positiv sind. Manche Menschen verharren lieber in ihrem Schmerz, weil sie Angst vor dem Unbekannten haben, das mit einer Lösung einhergeht.

Kollektive Muster: In Hellingers Arbeit wird oft betont, dass familiäre und gesellschaftliche Muster tief verwurzelt sind. Diese Muster können dazu führen, dass Individuen in einem Zustand des Leidens verharren, weil sie sich unbewusst mit ihrer Familie oder ihrem System identifizieren und deren ungelöste Konflikte fortführen.

Prozess der Heilung: Der Weg zur Lösung erfordert oft einen aktiven Prozess der Selbstreflexion und -veränderung. Dies kann schmerzhaft sein und erfordert Zeit und Energie. Daher kann das Leiden als der einfachere Weg erscheinen – es erfordert weniger aktive Auseinandersetzung.

Wir möchten Sie an dieser Stelle ermutigen, den zunächst oft anstrengenden Weg zu gehen und den gewohnten Kreislauf zu unterbrechen:

Starten Sie klein: Beginnen Sie mit einer oder zwei der vorgeschlagenen Techniken, anstatt zu versuchen, alles auf einmal umzusetzen. Dies erleichtert den Einstieg und erhöht die Wahrscheinlichkeit, dass Sie die Veränderungen langfristig beibehalten.

Seien Sie konsequent: Regelmäßigkeit ist entscheidend für den Erfolg. Versuchen Sie, Ihre neuen Gewohnheiten in Ihren Alltag zu integrieren und eine Routine zu entwickeln, die Ihnen hilft, besser zu schlafen.

Dokumentieren Sie Ihre Fortschritte: Halten Sie Ihre Erfahrungen fest – sowohl positive als auch negative. Dies wird Ihnen helfen, Muster zu erkennen und Anpassungen vorzunehmen, wenn etwas nicht wie gewünscht funktioniert.

Sehen Sie Rückschläge als Teil des Prozesses: Es ist normal, dass es auf dem Weg zu besseren Schlafgewohnheiten Herausforderungen gibt. Sehen Sie Rückschläge nicht als Misserfolge, sondern als Gelegenheiten zum Lernen und zur Anpassung Ihrer Strategien.

Suchen Sie Unterstützung: Teilen Sie Ihre Ziele mit Freunden oder Familienmitgliedern oder suchen Sie Gleichgesinnte in Online-Communities. Der Austausch mit anderen kann motivierend sein und Ihnen helfen, am Ball zu bleiben.

Bleiben Sie geduldig: Veränderungen benötigen Zeit. Geben Sie sich selbst die nötige Geduld und Raum, um Fortschritte zu machen. Auch kleine Verbesserungen können einen großen Unterschied in Ihrem Wohlbefinden ausmachen.

Feiern Sie Erfolge: Nehmen Sie sich Zeit, um Ihre Erfolge zu würdigen – sei es ein besserer Schlaf an einem bestimmten Abend oder das Einhalten einer neuen Routine über mehrere Tage hinweg. Positive Verstärkung wird Ihre Motivation zusätzlich anfeuern!

9. INDIVIDUELLE STRATEGIEN ZUR BEHANDLUNG VON SCHLAFSTÖRUN-GEN

In den vorigen Kapiteln wurden Ihnen verschiedene Ansätze zur Behandlung von Schlafproblemen vorgestellt. Diese stellen eine Auswahl dar, aus der Sie die für sich am besten geeigneten Strategien identifizieren und umsetzten können. In diesem Kapitel werden wir uns nun intensiv mit der nachhaltigen Umsetzung individueller Strategien zur selbstwirksamen Behandlung von Schlafstörungen befassen.

Selbstwirksamkeit – das Gefühl, dass man durch eigenes Handeln Veränderungen bewirken kann – ist ein wesentlicher Faktor für den Erfolg einer mit der Notwendigkeit persönlicher Veränderung verbundenen Zielsetzung. Jede Veränderung erfordert Kraft und Mut, ist prinzipiell anfangs ungewohnt und unbequem. Es ist also zunächst ein Schritt aus der individuellen Komfortzone hinaus notwendig, um die „Not zu wenden". Sind die Veränderungen nach einiger Zeit etabliert und zur Gewohnheit geworden, kosten sie keine zusätzliche Kraft und Überwindung mehr; zusätzlich hat sich in unserem Kontext die Schlaf- und damit die Lebensqualität drastisch erhöht.

Wenn Sie sich aktiv an der Entwicklung Ihrer eigenen Behandlungsstrategien beteiligen, fördern Sie nicht nur Ihr Engagement, sondern auch Ihre Motivation zur Umsetzung dieser Strategien. Selbstbestimmung bedeutet, dass Sie Entscheidungen treffen können, die auf Ihren individuellen Bedürfnissen und Lebensumständen basieren. Dies führt zu einem höheren Maß an Zufriedenheit mit dem gewählten Ansatz und erhöht die Wahrscheinlichkeit, dass Sie langfristig an den Maßnahmen festhalten.

Darüber hinaus ermöglicht Ihnen die Selbstbestimmung, verschiedene Methoden auszuprobieren und herauszufinden, was für Sie am besten funktioniert. Jeder Mensch reagiert unterschiedlich auf bestimmte Techniken oder Therapien; was bei einer Person wirksam ist, muss nicht zwangsläufig auch bei einer anderen funktionieren. Indem Sie selbstständig Strategien auswählen und anpassen, können Sie einen maßgeschneiderten Plan entwickeln, der auf Ihre spezifischen Herausforderungen zugeschnitten ist.

Ein weiterer wichtiger Aspekt sowohl der Selbstbestimmung als auch der Selbstwirksamkeit ist die Förderung eines positiven Mindsets. Wenn Sie das Gefühl haben, aktiv an Ihrer Genesung beteiligt zu sein und Einfluss auf Ihre Schlafqualität zu nehmen, steigert dies Ihr Selbstvertrauen und Ihre Resilienz gegenüber Rückschlägen. Diese innere Stärke ist entscheidend für den Umgang mit den unvermeidlichen Herausforderungen im Prozess der Schlafverbesserung.

In diesem Kapitel werden wir Ihnen Werkzeuge und Techniken an die Hand geben, um Ihre individuelle Strategie zur Behandlung von Schlafstörungen zu entwickeln. Durch die Betonung der Selbstbestimmung und Selbstwirksamkeit möchten wir Ihnen helfen, ein Gefühl der Kontrolle über Ihre Schlafgesundheit zurückzugewinnen und somit den Grundstein für eine nachhaltige Verbesserung Ihrer Lebensqualität zu legen.

9.1 Festlegung individueller Ziele

An dieser Stelle des Buches haben Sie vermutlich schon die eine oder andere Technik zur Verbesserung Ihres Schlafes ausprobiert und Ihre persönlichen Vorlieben identifiziert. Wie bereits erwähnt, erfordert jede Veränderung zunächst zusätzliche Energie, ist also unbequem. Dies verringert die Wahrscheinlichkeit einer dauerhaften Umsetzung. Eine konkrete, strukturierte Planung kann hingegen entscheidend dazu beitragen, dass Ziele erreichbar werden und zumindest solange verfolgt werden, bis erste positive Veränderungen und etablierte neue Gewohnheiten den zunächst zusätzlichen Aufwand aufwiegen bzw. verringern, bis am Ende die Vorteile der Veränderung so klar überwiegen, dass keine weiteren Anstrengungen zur Verfolgung der Strategien unternommen werden müssen. Möglicherweise verfügen Sie aber auch über einen eisernen, ach was: einen diamantenen Willen, dann können Sie das folgende Kapitel auch glatt überspringen!

9.1.1 SMERZ-Ziele (Spezifisch, Messbar, Erreichbar, Relevant, Zeitgebunden)

Die Formulierung von Zielen kann ein wesentlicher Bestandteil des Prozesses zur Verbesserung Ihrer Schlafqualität sein. Eine bewährte Methode zur Zielsetzung ist das SMERZ-Prinzip, das sicherstellt, dass Ihre Ziele klar definiert und umsetzbar sind. SMERZ steht für spezifisch, messbar, erreichbar, relevant und zeitgebunden. Im Folgenden werden wir jedes dieser Kriterien näher erläutern und Beispiele geben, wie Sie sie auf Ihre Schlafziele anwenden können.

Spezifisch: Ein spezifisches Ziel ist klar und eindeutig formuliert. Anstatt vage zu sagen „Ich möchte besser schlafen", könnte ein spezifisches Ziel lauten: „Ich möchte jede Nacht mindestens sieben Stunden Schlaf bekommen." Durch die genaue Definition Ihres Ziels wissen Sie genau, was Sie erreichen möchten.

Messbar: Um den Fortschritt zu verfolgen und festzustellen, ob Sie Ihr Ziel erreicht haben, sollte es messbar sein. In unserem Beispiel könnte das bedeuten: „Ich werde meine Schlafdauer mit einer Schlaftracking-App dokumentieren." So können Sie konkret sehen, ob Sie Ihr Ziel von sieben Stunden pro Nacht erreichen.

Erreichbar: Ihre Ziele sollten realistisch und erreichbar sein. Es ist wichtig, sich herausfordernde Ziele zu setzen, die jedoch auch machbar sind. Wenn Sie derzeit nur fünf Stunden Schlaf pro Nacht bekommen, könnte ein erreichbares Ziel sein: „Ich werde in den nächsten zwei Wochen versuchen, meine Schlafdauer schrittweise auf sechs Stunden pro Nacht zu erhöhen."

Relevant: Stellen Sie sicher, dass Ihre Ziele für Ihre persönliche Situation relevant sind und einen positiven Einfluss auf Ihr Leben haben. Fragen Sie sich: „Wie wird dieses Ziel meine Schlafqualität oder mein allgemeines Wohlbefinden verbessern?" Ein relevantes Ziel könnte beispielsweise lauten: „Ich möchte durch regelmäßige Entspannungsübungen vor dem Schlafengehen meinen Stress reduzieren und dadurch besser schlafen."

Zeitgebunden: Jedes Ziel sollte einen klaren Zeitrahmen haben, innerhalb dessen es erreicht werden soll. Dies hilft Ihnen dabei, fokussiert zu bleiben und motiviert zu arbeiten. Ein zeitgebundenes Ziel könnte lauten: „In den nächsten vier Wochen werde ich jeden Abend um 22 Uhr ins Bett gehen und bis 6 Uhr morgens schlafen."

9.1.2 Kurzfristige vs. langfristige Ziele

Bei der Festlegung individueller Ziele zur Verbesserung Ihrer Schlafqualität ist es wichtig, zwischen kurzfristigen und langfristigen Zielen zu unterscheiden. Beide Zielarten spielen eine entscheidende Rolle in Ihrem Veränderungsprozess und ergänzen sich gegenseitig, um nachhaltige Fortschritte zu erzielen.

Kurzfristige Ziele sind spezifische, erreichbare Meilensteine, die innerhalb eines relativ kurzen Zeitrahmens – typischerweise von Tagen bis Wochen – erreicht werden können. Diese Ziele helfen Ihnen, sofortige Veränderungen in Ihren Schlafgewohnheiten vorzunehmen und bieten schnelle Erfolge, die Ihre Motivation steigern können. Beispiele für kurzfristige Ziele könnten sein:

-    „Ich werde in dieser Woche jeden Abend um 22:30 Uhr ins Bett gehen."
-    „Ich plane, jeden Abend vor dem Schlafengehen 10 Minuten zu meditieren."

- „Ich werde in den nächsten drei Tagen auf Koffein nach 15 Uhr verzichten."

Diese kurzfristigen Ziele ermöglichen es Ihnen, schnell Feedback über Ihre Fortschritte zu erhalten und Anpassungen vorzunehmen, falls erforderlich.

Langfristige Ziele hingegen beziehen sich auf umfassendere Veränderungen, die über einen längeren Zeitraum – oft mehrere Monate oder sogar Jahre – angestrebt werden. Sie bieten eine Vision für das, was Sie letztendlich erreichen möchten, und helfen Ihnen dabei, den Fokus auf Ihre übergeordneten Gesundheitsziele zu behalten. Langfristige Ziele könnten beispielsweise sein:

- „Ich möchte innerhalb von sechs Monaten meine durchschnittliche Schlafdauer auf acht Stunden pro Nacht erhöhen."
- „Ich strebe an, meine Schlafqualität so zu verbessern, dass ich nach einem Jahr keine Schlafmittel mehr benötige."
- „Mein Ziel ist es, bis zum Ende des Jahres regelmäßig eine entspannende Abendroutine zu etablieren."

Die Kombination aus kurzfristigen und langfristigen Zielen ermöglicht es Ihnen, sowohl unmittelbare Erfolge zu feiern als auch auf ein größeres Ziel hinzuarbeiten. Während kurzfristige Ziele Ihnen helfen, motiviert zu bleiben und Fortschritte sichtbar zu machen, stellen langfristige Ziele einen „Fixstern" dar, auf den Sie sich dauerhaft zubewegen können und der Ihnen im Alltagsgetümmel stets die Richtung zeigt.

Es empfiehlt sich, Fortschritte sowohl bei den kurzfristigen als auch bei den langfristigen Zielen zu überprüfen und gegebenenfalls Anpassungen vorzunehmen. Dies fördert nicht nur Ihr Engagement für den Prozess der Selbstwirksamkeit, sondern hilft Ihnen auch dabei, Rückschläge besser zu bewältigen und weiterhin an Ihren Zielen festzuhalten.

9.2 Anpassung der Strategien an persönliche Bedürfnisse und Lebensstil

Die Wirksamkeit von Behandlungsmethoden zur Verbesserung der Schlafqualität hängt nicht nur stark von den persönlichen Vorlieben und der individuellen Prädisposition ab, sondern auch von der individuellen Anpassung an persönliche Bedürfnisse und den Lebensstil. Jeder Mensch hat unterschiedliche Schlafgewohnheiten, Stressfaktoren und gesundheitliche Voraussetzungen, die bei der Auswahl und Implementierung von Strategien berücksichtigt werden sollten.

Berücksichtigung individueller Schlafmuster:

Es ist wichtig, Ihre eigenen Schlafgewohnheiten zu beobachten und zu analysieren. Führen Sie ein Schlaftagebuch, um Muster zu erkennen, wie z.B. die durchschnittliche Schlafdauer, Einschlaf- und Aufwachzeiten sowie Faktoren, die Ihren Schlaf beeinflussen (z.B. Koffein- oder Alkoholkonsum). Diese Informationen helfen Ihnen dabei, gezielte Veränderungen vorzunehmen.

Integration in den Alltag:

Wählen Sie Techniken aus, die sich leicht in Ihren bestehenden Lebensstil integrieren lassen. Wenn Sie beispielsweise einen vollen Terminkalender haben, könnten kurze Atemübungen oder Entspannungstechniken vor dem Schlafengehen effektiver sein als längere Meditationssitzungen.

Flexibilität bei der Umsetzung:

Seien Sie bereit, Ihre Strategien anzupassen, wenn Sie feststellen, dass bestimmte Methoden nicht für Sie funktionieren oder nicht in Ihren Alltag passen. Es kann hilfreich sein, verschiedene Ansätze auszuprobieren und herauszufinden, welche am besten zu Ihrer Persönlichkeit und Ihrem Lebensstil passen.

Berücksichtigung von Stressfaktoren:

Identifizieren Sie spezifische Stressoren in Ihrem Leben – sei es beruflicher Druck, familiäre Verpflichtungen oder gesundheitliche Probleme – und überlegen

Sie, wie diese Faktoren Ihre Schlafqualität beeinflussen können. Möglicherweise benötigen Sie zusätzliche Unterstützung durch Entspannungstechniken oder kognitive Methoden zur Stressbewältigung.

9.3 Erstellung eines individuellen Strategieplans

Um die gewählten Strategien effektiv umzusetzen, kann es - je nach persönlichen Vorlieben - hilfreich sein, einen individuellen Strategieplan zu erstellen. Dieser Plan sollte klar definierte Ziele enthalten und konkrete Schritte zur Verbesserung Ihrer Schlafqualität festlegen.

1. Zielsetzung:

Setzen Sie sich realistische und messbare Ziele für Ihre Schlafqualität. Zum Beispiel könnte ein Ziel sein: „Ich möchte innerhalb von vier Wochen durchschnittlich sieben Stunden pro Nacht schlafen." Achten Sie darauf, dass Ihre Ziele spezifisch sind und einen Zeitrahmen haben.

2. Auswahl der Strategien:

Basierend auf Ihrer Analyse der persönlichen Bedürfnisse wählen Sie eine Kombination aus Verhaltensänderungen, Entspannungstechniken und kognitiven Methoden aus, die am besten zu Ihnen passt. Dokumentieren Sie diese Auswahl in Ihrem Strategieplan.

3. Zeitplan erstellen:

Legen Sie fest, wann und wie oft Sie jede Technik anwenden möchten. Erstellen Sie einen wöchentlichen Zeitplan für Aktivitäten wie Meditation oder Atemübungen sowie für Änderungen Ihrer Schlafhygiene-Routine.

4. Fortschritt überwachen:

Führen Sie weiterhin ein Schlaftagebuch oder nutzen Sie Apps zur Überwachung Ihres Schlafes und Ihrer Fortschritte bei der Umsetzung des Plans. Notieren Sie positive Veränderungen sowie Herausforderungen, um gegebenenfalls Anpassungen vorzunehmen.

5. Reflexion und Anpassung:

Planen Sie regelmäßige Überprüfungen Ihres Strategieplans ein – etwa alle zwei bis vier Wochen –, um zu reflektieren, was funktioniert hat und was nicht. Seien Sie bereit, Anpassungen vorzunehmen basierend auf Ihren Erfahrungen und Fortschritten.

Durch die Erstellung eines individuellen Strategieplans können Sie systematisch an der Verbesserung Ihrer Schlafqualität arbeiten und sicherstellen, dass die gewählten Methoden optimal auf Ihre persönlichen Bedürfnisse abgestimmt sind. Dies erhöht die Wahrscheinlichkeit einer nachhaltigen Veränderung und fördert langfristig im Zuge dessen erholsamen Schlaf.

9.4 Umsetzung der gewählten Strategien

Die erfolgreiche Umsetzung der gewählten Strategien zur Verbesserung der Schlafqualität erfordert eine strukturierte Vorgehensweise. Eine systematische Herangehensweise hilft nicht nur dabei, die Motivation aufrechtzuerhalten, sondern auch, Fortschritte zu messen und gegebenenfalls Anpassungen vorzunehmen. Im Folgenden werden einige Schritte beschrieben, die Ihnen helfen können, Ihre Strategien effektiv umzusetzen.

1. Erstellung eines detaillierten Aktionsplans:

Beginnen Sie mit der Ausarbeitung eines klaren Aktionsplans, der alle gewählten Strategien umfasst. Dieser Plan sollte spezifische Maßnahmen enthalten, die Sie täglich oder wöchentlich umsetzen möchten. Zum Beispiel könnten Sie festlegen, dass Sie jeden Abend vor dem Schlafengehen 10 Minuten meditieren und an mindestens drei Abenden pro Woche Atemübungen durchführen.

2. Schaffung eines idealen Umfelds:

Gestalten Sie einen ruhigen Raum oder einen Abschnitt in Ihrem Zuhause, der speziell für Entspannungsübungen genutzt werden kann. Dekorieren Sie diesen Bereich mit beruhigenden Farben, angenehmen Düften (z.B. ätherischen Ölen) und bequemen Sitzgelegenheiten oder Matten. Sorgen Sie dafür, dass bereits alles griffbereit und vorbereitet ist, um die Hürden zur Umsetzung der angestrebten Tätigkeit zu verringern.

3. Festlegung von Routinen:

Routinen sind entscheidend für den Erfolg Ihrer Strategieumsetzung. Entwickeln Sie eine konsistente Abendroutine, die entspannende Aktivitäten umfasst und Ihnen hilft, sich auf den Schlaf vorzubereiten. Dies könnte das Lesen eines Buches, das Hören beruhigender Musik oder das Praktizieren von Entspannungstechniken umfassen.

4. Nutzung von Erinnerungen und Hilfsmitteln:

Um sicherzustellen, dass Sie Ihre Strategien regelmäßig anwenden, nutzen Sie Erinnerungen oder Hilfsmittel wie Kalender, Apps oder Notizen. Es gibt zahlreiche Apps und Online-Plattformen, die geführte Meditationen, Atemübungen und Yoga-Sitzungen anbieten. Nutzen Sie diese Ressourcen als Unterstützung bei Ihrer täglichen Praxis und um neue Techniken kennenzulernen. Stellen Sie Alarme ein oder verwenden Sie Apps zur Schlafüberwachung, um Ihre Fortschritte zu verfolgen und sich an geplante Aktivitäten zu erinnern.

5. Schaffung einer unterstützenden Umgebung:

Gestalten Sie Ihre Schlafumgebung so, dass sie förderlich für einen erholsamen Schlaf ist. Achten Sie auf eine angenehme Raumtemperatur, Dunkelheit und Ruhe im Schlafzimmer. Entfernen Sie Ablenkungen wie elektronische Geräte und schaffen Sie eine Atmosphäre der Entspannung.

6. Regelmäßige Reflexion:

Planen Sie regelmäßige Reflexionen in Ihren Aktionsplan ein – beispielsweise einmal pro Woche – um über Ihre Erfahrungen nachzudenken und den Fortschritt zu bewerten. Fragen Sie sich: Welche Strategien haben gut funktioniert? Wo gab es Schwierigkeiten? Was könnte ich anders machen? Führen Sie ggf. ein Journal über Ihre Erfahrungen mit den verschiedenen Entspannungstechniken. Notieren Sie sich, wie sich Ihr Stresslevel und Ihre Schlafqualität verändern, wenn Sie regelmäßig üben. Diese Reflexion hilft Ihnen dabei, motiviert zu bleiben und notwendige Anpassungen vorzunehmen.

7. Unterstützung suchen:

Scheuen Sie sich nicht davor, Unterstützung von Freunden, Familie oder Fachleuten in Anspruch zu nehmen. Der Austausch über Ihre Erfahrungen kann motivierend wirken und zusätzliche Perspektiven bieten. In einigen Fällen kann auch die Zusammenarbeit mit einem Therapeuten oder Coach hilfreich sein, um gezielte Unterstützung bei der Umsetzung Ihrer Strategien zu erhalten.

8. Alltag als Übung:

Nutzen Sie kurze Pausen während des Tages für einfache Entspannungsübungen. Dies kann eine fünfminütige Atemübung sein oder das bewusste Dehnen Ihrer Muskeln am Arbeitsplatz. Solche kurzen Intervalle helfen dabei, Stress abzubauen und die Konzentration zu verbessern.

Integrieren Sie Entspannungstechniken in andere tägliche Aktivitäten, um deren Wirkung zu verstärken. Beispielsweise können Sie beim Kochen bewusst auf Ihre Atmung achten oder beim Spazierengehen Achtsamkeitsübungen durchführen.

9. Geduld und Flexibilität:

Seien Sie geduldig mit sich selbst während des Umsetzungsprozesses. Veränderungen benötigen Zeit und es ist normal, Rückschläge zu erleben oder Anpassungen vorzunehmen. Es kann einige Zeit dauern, bis sich positive Veränderungen bemerkbar machen; jedoch wird eine konsequente Praxis langfristig zu einer spürbaren Verbesserung Ihrer Schlafqualität führen. Seien Sie flexibel in Ihrer Herangehensweise und bereit, neue Techniken auszuprobieren oder bestehende Methoden anzupassen.

10. WEITERFÜHRENDE RESSOURCEN UND UNTERSTÜTZUNGSMÖGLICH-KEITEN

Um Ihre Bemühungen zur Verbesserung Ihrer Schlafqualität zu unterstützen, kann es hilfreich sein, auf weiterführende Ressourcen und Unterstützungsmöglichkeiten zurückzugreifen. Diese können Ihnen zusätzliche Informationen, Techniken und Hilfestellungen bieten, um Ihre Schlafprobleme effektiv anzugehen. Hier sind einige Ressourcen, die Sie in Betracht ziehen sollten:

Bücher und Fachliteratur: Es gibt zahlreiche weitere Bücher über Schlafstörungen, Schlafhygiene und kognitive Verhaltenstherapie für Insomnie (KVT-I). Diese Werke bieten weitere, ggf. vertiefte Einblicke in die Thematik und praktische Übungen zur Verbesserung des Schlafs.

Online-Kurse: Viele Plattformen bieten Online-Kurse an, die sich mit dem Thema Schlaf beschäftigen. Diese Kurse können Ihnen helfen, strukturierte Programme zu durchlaufen und neue Techniken zu erlernen.
Apps zur Schlafüberwachung: Es gibt verschiedene Apps, die Ihnen helfen können, Ihre Schlafgewohnheiten zu verfolgen und Entspannungstechniken anzuwenden. Einige Apps bieten geführte Meditationen oder Atemübungen an, die speziell auf den Schlaf ausgerichtet sind.

Webseiten von Fachorganisationen: Organisationen wie die Deutsche Gesellschaft für Schlafforschung und Schlafmedizin (DGSM) oder die American Academy of Sleep Medicine (AASM) bieten umfangreiche Informationen über Schlafstörungen sowie aktuelle Forschungsergebnisse.

Selbsthilfegruppen: Der Austausch mit anderen Betroffenen kann sehr hilfreich sein. Selbsthilfegruppen – sowohl online als auch offline – bieten eine Plattform zum Teilen von Erfahrungen und Strategien im Umgang mit Schlafproblemen.

Professionelle Unterstützung: Wenn Sie feststellen, dass Ihre Schlafprobleme weiterhin bestehen oder sich verschlimmern, zögern Sie nicht, professionelle

Hilfe in Anspruch zu nehmen. Ärzte, Psychologen oder spezialisierte Therapeuten können individuelle Behandlungspläne erstellen und gezielte Therapien anbieten.

11. LITERATURVERZEICHNIS

Åkerstedt, T. (1991). Shift Work and Sleep Disturbances. In: Peter, J.H., Penzel, T., Podszus, T., von Wichert, P. (eds) Sleep and Health Risk. Springer, Berlin, Heidelberg. https://doi.org/10.1007/978-3-642-76034-1_32.

Åkerstedt, T. (2007). Altered sleep/wake patterns and mental performance. Physiology & Behavior, 90, 209-218.

American Academy of Sleep Medicine. (2023). International Classification of Sleep Disorders (3rd ed.). Darien, IL: American Academy of Sleep Medicine.

Ancoli-Israel, S., Cole, R., Alessi, C., Chambers, M., Moorcroft, W., & Pollak, C.P. (2003). The role of actigraphy in the study of sleep and circadian rhythms. Sleep, 26(3), 342-392.

Baranwal, N., Yu, P.K., & Siegel, N.S. (2023). Sleep physiology, pathophysiology, and sleep hygiene. Progress in cardiovascular diseases.

Basner M, Babisch W, Davis A, Brink M, Clark C, Janssen S, Stansfeld S. Auditory and non-auditory effects of noise on health. Lancet. 2014 Apr 1 2;383(9925):1325-1332. doi: 10.1016/S0140-6736(13)61613-X. Epub 2013 Oct 30. PMID: 24183105; PMCID: PMC3988259.

Beck, J. S. (2011). Cognitive behavior therapy: Basics and beyond (2nd ed.). Guilford Press.

Black DS, O'Reilly GA, Olmstead R, Breen EC, Irwin MR. Mindfulness meditation and improvement in sleep quality and daytime impairment among older adults with sleep disturbances: a randomized clinical trial. JAMA Intern Med. 2015 Apr;175(4):494-501. doi: 10.1001/jamainternmed.2014.8081. PMID: 25686304; PMCID: PMC4407465.

Bogati, S., Singh, T., Paudel, S., Adhikari, B., & Baral, D. (2020). Association of the Pattern and Quality of Sleep with Consumption of Stimulant Beverages, Cigarette and Alcohol among Medical Students. Journal of Nepal Health Research Council, 18 3, 379-385.

Brown, K. W., Ryan, R. M., & Creswell, J. D. (2007). Mindfulness: Theoretical Foundations and Evidence for its Salutary Effects. Psychological Inquiry, 18(4), 211–237. https://doi.org/10.1080/10478400701598298..

Burgess HJ. Partial Sleep Deprivation Reduces Phase Advances to Light in Humans. Journal of Biological Rhythms. 2010;25(6):460-468. doi:10.1177/0748730410385544

Buysse, D.J., Reynolds, C.F., Monk, T.H., Berman, S.R., & Kupfer,D.J. (1989). The Pittsburgh Sleep Quality Index (PSQI): A new instrument for psychiatric research and practice. Psychiatry Research, 28(2), 193-213.

Cardinali, Daniel & Pandi-Perumal, Seithikurippu R. & Brown, Gregory. (2011). Sleep and circadian dysregulation in depressive illness. Pharmacological implications. Clinical Neuropsychiatry. 8.

Carrier, J., & Monk, T.H. (2000). CIRCADIAN RHYTHMS OF PERFORMANCE: NEW TRENDS. Chronobiology International, 17, 719 – 732.

Cialdini, Robert & Goldstein, Noah. (2004). Social Influence: Compliance and Conformity. Annual review of psychology. 55. 591-621. 10.1146/annurev.psych.55.090902.142015.

Cristini J, Weiss M, De Las Heras B, Medina-Rincón A, Dagher A, Postuma RB, Huber R, Doyon J, Rosa-Neto P, Carrier J, Amara AW, Roig M. The effects of exercise on sleep quality in persons with Parkinson's disease: A systematic review with meta-analysis. Sleep Med Rev. 2021 Feb;55:101384. doi: 10.1016/j.smrv.2020.101384. Epub 2020 Sep 8. PMID: 32987321.

Czeisler CA, Duffy JF, Shanahan TL, Brown EN, Mitchell JF, Rimmer DW, Ronda JM, Silva EJ, Allan JS, Emens JS, Dijk DJ, Kronauer RE. Stability, precision, and near-24-hour period of the human circadian pacemaker. Science. 1999 Jun 25;284(5423):2177-81. doi: 10.1126/science.284.5423.2177. PMID: 10381883.

Czeisler CA, Gooley JJ. Sleep and circadian rhythms in humans. Cold Spring Harb Symp Quant Biol. 2007;72:579-97. doi: 10.1101/sqb.2007.72.064. PMID: 18419318.

Dautovich, N.D., Dzierzewski, J.M., & MacPherson, A.R. (2022). Bedroom environment and sleep health. Foundations of Sleep Health.

Deegan A, Dunne S. An investigation into the relationship between social support, stress, and psychological well-being in farmers. J Community Psychol. 2022 Sep;50(7):3054-3069. doi: 10.1002/jcop.22814. Epub 2022 Feb 7. PMID: 35132638; PMCID: PMC9545128.

Edinger JD, Means MK. Cognitive-behavioral therapy for primary insomnia. Clin Psychol Rev. 2005 Jul;25(5):539-58. doi: 10.1016/j.cpr.2005.04.003. PMID: 15951083.

El Kazzi, M., De Pasquale, C., Vincent, G., Shriane, A.E., & Bin, Y. (2022). P024 Defining sleep hygiene: A scoping review of intervention studies. Sleep Advances: A Journal of the Sleep Research Society, 3, A39 – A39.

Emens, J.S., Lewy, A.J. (2006). Sleep and Circadian Rhythms in the Blind. In: Cardinali, D.P., Pandi-Perumal, S.R. (eds) Neuroendocrine Correlates of Sleep/Wakefulness. Springer, Boston, MA. https://doi.org/10.1007/0- 387-23692-9_16.

Folkman, S. (2013). Stress: Appraisal and Coping. In: Gellman, M.D., Turner, J.R. (eds) Encyclopedia of Behavioral Medicine. Springer, New York, NY. https://doi.org/10.1007/978-1-4419-1005-9_215.

Frings, D. (2018). Social Psychology. Routledge.

GBTA. (2023). Global Business Travel Forecast. Global Business Travel Association.

Goel N, Basner M, Rao H, Dinges DF. Circadian rhythms, sleep deprivation, and human performance. Prog Mol Biol Transl Sci. 2013;119:155-90. doi: 10.1016/B978-0-12-396971-2.00007-5. PMID: 23899598; PMCID: PMC3963479.

Goyal M, Singh S, Sibinga EM, Gould NF, Rowland-Seymour A, Sharma R, Berger Z, Sleicher D, Maron DD, Shihab HM, Ranasinghe PD, Linn S, Saha S, Bass EB, Haythornthwaite JA. Meditation programs for psychological stress and well-being: a systematic review and meta- analysis. JAMA Intern Med. 2014 Mar;174(3):357-68. doi: 10.1001/jamainternmed.2013.13018. PMID: 24395196; PMCID: PMC4142584.

Han KS, Kim L, Shim I. Stress and sleep disorder. Exp Neurobiol. 2012 Dec;21(4):141-50. doi: 10.5607/en.2012.21.4.141. Epub 2012 Dec 26. PMID: 23319874; PMCID: PMC3538178.

Harvey AG. A cognitive model of insomnia. Behav Res Ther. 2002 Aug;40(8):869-93. doi: 10.1016/s0005-7967(01)00061-4. PMID: 12186352.

Hastings MH, Reddy AB, Maywood ES. A clockwork web: circadian timing in brain and periphery, in health and disease. Nat Rev Neurosci. 2003 Aug;4(8):649-61. doi: 10.1038/nrn1177. PMID: 12894240.

Herxheimer A, Petrie KJ. Melatonin for the prevention and treatment of jet lag. Cochrane Database Syst Rev. 2002;(2):CD001520. doi: 10.1002/14651858.CD001520. PMID: 12076414.

Hirshkowitz M, Whiton K, Albert SM, Alessi C, Bruni O, DonCarlos L, Hazen N, Herman J, Katz ES, Kheirandish-Gozal L, Neubauer DN, O'Donnell AE, Ohayon M, Peever J, Rawding R, Sachdeva RC, Setters B, Vitiello MV, Ware JC, Adams Hillard PJ. National Sleep Foundation's sleep time duration recommendations: methodology and results summary. Sleep Health. 2015 Mar;1(1):40-43. doi: 10.1016/j.sleh.2014.12.010. Epub 2015 Jan 8. PMID: 29073412.

Hofmann, S.G., Asnaani, A., Vonk, I.J.J. et al. The Efficacy of Cognitive Behavioral Therapy: A Review of Meta-analyses. Cogn Ther Res 36, 427–440 (2012). https://doi.org/10.1007/s10608-012-9476-1.

Irish, L.A., Kline, C.E., Gunn, H.E., Buysse, D.J., & Hall, M.H. (2015). The role of sleep hygiene in promoting public health: A review of empirical evidence. Sleep medicine reviews, 22, 23-36.

James SM, Honn KA, Gaddameedhi S, Van Dongen HPA. Shift Work: Disrupted Circadian Rhythms and Sleep-Implications for Health and Well-Being. Curr Sleep Med Rep. 2017 Jun;3(2):104-112. doi: 10.1007/s40675-017-0071-6. Epub 2017 Apr 27. PMID: 29057204; PMCID: PMC5647832.

Johns MW. A new method for measuring daytime sleepiness: the Epworth sleepiness scale. Sleep. 1991 Dec;14(6):540-5. doi: 10.1093/sleep/14.6.540. PMID: 1798888.

Juliano LM, Griffiths RR. A critical review of caffeine withdrawal: empirical validation of symptoms and signs, incidence, severity, and associated features. Psychopharmacology (Berl). 2004 Oct;176(1):1-29. doi: 10.1007/s00213-004-2000-x. Epub 2004 Sep 21. PMID: 15448977.

Keng SL, Smoski MJ, Robins CJ. Effects of mindfulness on psychological health: a review of empirical studies. Clin Psychol Rev. 2011 Aug;31(6):1041-56. doi: 10.1016/j.cpr.2011.04.006. Epub 2011 May 13. PMID: 21802619; PMCID: PMC3679190.

Kessler, R. C. (1997). The effects of stressful life events on depression. Annual Review of Psychology, 48, 191–214.

Koch, B. C. P. (2009). End-stage renal disease: sleep disturbances and the biological clock. [PhD-Thesis - Research and graduation internal, S.l.]. s.n.

Lovato N, Lack L. (2010). The effects of napping on cognitive functioning. Prog Brain Res. ;185:155-66. doi: 10.1016/B978-0-444-53702-7.00009-9. PMID: 21075238.

Maurer, L.F., Schneider, J., Miller, C.B., Espie, C.A., & Kyle, S.D. (2021). The clinical effects of sleep restriction therapy for insomnia: A meta-analysis of randomised controlled trials. Sleep medicine reviews, 58, 101493.

McEwen BS. Protective and damaging effects of stress mediators: central role of the brain. Dialogues Clin Neurosci. 2006;8(4):367-81. doi: 10.31887/DCNS.2006.8.4/bmcewen. PMID: 17290796; PMCID: PMC3181832.

McEwen, B.S. (2006). Protective and damaging effects of stress mediators. The New England Journal of Medicine, 338(3), 171-179.

Miller, W. R., & Rollnick, S. (2013). Motivational interviewing: Helping people change (3rd edition). Guilford Press.

Morin CM, Culbert JP, Schwartz SM. Nonpharmacological interventions for insomnia: a meta-analysis of treatment efficacy. Am J Psychiatry. 1994 Aug;151(8):1172-80. doi: 10.1176/ajp.151.8.1172. PMID: 8037252.

Morselli L, Leproult R, Balbo M, Spiegel K. Role of sleep duration in the regulation of glucose metabolism and appetite. Best Pract Res Clin Endocrinol Metab. 2010 Oct;24(5):687-702. doi: 10.1016/j.beem.2010.07.005. PMID: 21112019; PMCID: PMC3018785.

Naitoh, P., Banta, G.R., Kelly, T.L., Bower, J.L., & Burr, R. (1991). Sleep Logs: Measurement of Individual and Operational Efficiency.

Nilsson, H., & Kazemi, A. (2016). Reconciling and Thematizing Definitions of Mindfulness: The Big Five of Mindfulness. Review of General Psychology, 20, 183 – 193.

O'Sullivan, S. B., Schmitz, T. J., Fulk, G. D. (2014). Physical Rehabilitation. F.A. Davis Company.

Paller KA, Creery JD, Schechtman E. Memory and Sleep: How Sleep Cognition Can Change the Waking Mind for the Better. Annu Rev Psychol. 2021 Jan 4;72:123-150. doi: 10.1146/annurev-psych-010419-050815. Epub 2020 Sep 18. PMID: 32946325; PMCID: PMC7983127.

Riemann D. Sleep hygiene, insomnia and mental health. J Sleep Res. 2018 Feb;27(1):3. doi: 10.1111/jsr.12661. PMID: 29336095.

Rodríguez-Jiménez, R., Carmona, M., García-Merino, S., Díaz-Rivas, B., & Thuissard-Vasallo, I.J. (2022). Stress, subjective wellbeing and self- knowledge in higher education teachers: A pilot study through bodyfulness approaches. PLOS ONE, 17.

Roger L. Mackett, Mental health and travel behaviour, Journal of Transport & Health, Volume 22, 2021, 101143, ISSN 2214-1405, https://doi.org/10.1016/j.jth.2021.101143.

Schunk, D. H., & Zimmerman, B. J. (Eds.). (2008). Motivation and self- regulated learning: Theory, research, and applications. Lawrence Erlbaum Associates Publishers.

Sinclair, T.W. (2020). What's in a therapy room?—A mixed-methods study exploring clients' and therapists' views and experiences of the physical environment of the therapy room. Counselling and Psychotherapy Research.

Stepanski EJ, Wyatt JK. Use of sleep hygiene in the treatment of insomnia. Sleep Med Rev. 2003 Jun;7(3):215-25. doi: 10.1053/smrv.2001.0246. PMID: 12927121.

Swanson, L.M., & Raglan, G.B. (2023). Circadian Interventions as Adjunctive Therapies to Cognitive-Behavioral Therapy for Insomnia. Sleep medicine clinics, 18 1, 21-30.

Taylor SE, Sherman DK, Kim HS, Jarcho J, Takagi K, Dunagan MS. Culture and social support: who seeks it and why? J Pers Soc Psychol. 2004 Sep;87(3):354-62. doi: 10.1037/0022-3514.87.3.354. PMID: 15382985.

Taylor, S. E. (2011). Social Support: A Review, in: Friedman, Howard S. (ed.), The Oxford Handbook of Health Psychology, Oxford Library of Psychology (2011; online edn, Oxford Academic, 18 Sept. 2012).

Trauer JM, Qian MY, Doyle JS, Rajaratnam SM, Cunnington D. Cognitive Behavioral Therapy for Chronic Insomnia: A Systematic Review and Meta-analysis. Ann Intern Med. 2015 Aug 4;163(3):191-204. doi: 10.7326/M14-2841. PMID: 26054060.

Uchino BN. Understanding the Links Between Social Support and Physical Health: A Life-Span Perspective With Emphasis on the Separability of Perceived and Received Support. Perspect Psychol Sci. 2009 May;4(3):236-55. doi: 10.1111/j.1745-6924.2009.01122.x. PMID: 26158961.

Walker WH 2nd, Walton JC, DeVries AC, Nelson RJ. Circadian rhythm disruption and mental health. Transl Psychiatry. 2020 Jan 23;10(1):28. doi: 10.1038/s41398-020-0694-0. PMID: 32066704; PMCID: PMC7026420.

Werdecker, L., Esch, T. (2019). Stress und Gesundheit. In: Haring, R. (eds) Gesundheitswissenschaften. Springer Reference Pflege – Therapie – Gesundheit. Springer, Berlin, Heidelberg. https://doi.org/10.1007/978-3-662-58314-2_33.

Wirtz, M. A. (Hrsg.), 2023. Dorsch, Lexikon der Psychologie. Hogrefe.

Wright KP Jr, Drake AL, Frey DJ, Fleshner M, Desouza CA, Gronfier C, Czeisler CA. Influence of sleep deprivation and circadian misalignment on cortisol, inflammatory markers, and cytokine balance. Brain Behav Immun. 2015 Jul;47:24-34. doi: 10.1016/j.bbi.2015.01.004. Epub 2015 Jan 29. PMID: 25640603; PMCID: PMC5401766.

Wright KP Jr, McHill AW, Birks BR, Griffin BR, Rusterholz T, Chinoy ED. Entrainment of the human circadian clock to the natural light-dark cycle. Curr Biol. 2013 Aug 19;23(16):1554-8. doi: 10.1016/j.cub.2013.06.039. Epub 2013 Aug 1. PMID: 23910656; PMCID: PMC4020279.

Yalom, I. D., & Leszcz, M. (Collaborator). (2005). The theory and practice of group psychotherapy (5th ed.). Basic Books/Hachette Book Group.